Le
modèles

10-Réponses troublantes

marie potvin

Québec
Crédit d'impôt livres
Gestion SODEC

Gouvernement du Québec – Programme de crédit d'impôt
pour l'édition de livres – Gestion Sodec

info@lesmalins.ca

Éditeur : Marc-André Audet
Éditrice au contenu : Katherine Mossalim
Éditrice adjointe : Marianne Dunberry
Correctrices : Corinne De Vailly, Fleur Neesham et Dörte Ufkes
Directrice artistique : Shirley de Susini
Illustration de la couverture : BACH illustrations
Illustrations intérieures : Éliane Champagne et BACH illustrations
Conception de la couverture : Shirley de Susini
Mise en page : Diane Marquette

Dépôt légal – Bibliothèque et Archives nationales du Québec, 2019
Dépôt légal – Bibliothèque et Archives Canada, 2019

ISBN : 978-2-89657-815-3

Imprimé au Canada

Les éditions les Malins inc.
Montréal (Québec)

Financé par le gouvernement du Canada | Canada

ASSOCIATION
NATIONALE
DES ÉDITEURS
DE LIVRES

Pour Sandrine… ♥

Avec en vedette :

Marie-Douce
Brisson-Bissonnette

Laura
St-Amour

Chapitre 1

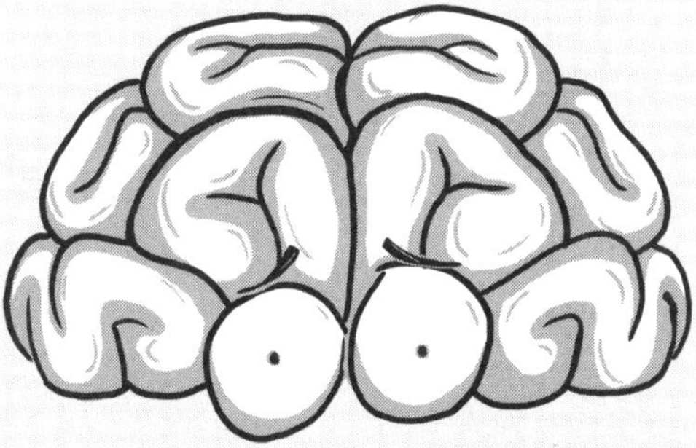

Cerveau hors d'usage

— Salut, Marie…

Mon esprit est embrouillé par des émotions qui me submergent avec trop de force. Cette voix, ce visage, je les connais sans les reconnaître. Il y a un gars, beau et grand, qui vient d'entrer dans ma chambre comme s'il savait qui je suis, mais les synapses de mon cerveau ne font pas le lien. Peut-être parce que c'est impossible. Probablement parce que je suis immunisée contre cette éventualité.

Ça doit être à cause de toutes ces séances d'hypnose avec Alexandrine Dumais.

Quelqu'un saisit mon bras et le serre en sautillant. C'est Laura. Elle émet un petit « Hiiiiii ! » tellement elle est excitée. Moi, je suis gelée sur place. Je dois avoir l'air vraiment bête.

— Marie-Douce, est-ce que ça va ? demande Corentin en fronçant les sourcils.

Ce dernier vient d'entrer dans la pièce en contournant l'« intrus ».

— Euh…

Je fixe celui qui ressemble comme deux gouttes d'eau à Lucien. Mais ce n'est pas lui, c'est sûr. Celui qui se tient devant moi est plus grand, ses traits sont plus accentués et son regard est troublé. On dirait qu'il va pleurer. Ha ! C'est une mauvaise blague. Lucien Varnel-Smith ne sait pas pleurer. Il ne sait que faire pleurer les autres. Moi, surtout.

C'est la preuve que celui qui me fait face en ce moment n'est qu'un sosie du gars qui m'a détruite. Les célébrités ont ça, des sosies. C'est vrai, il existe même une agence de sosies. Corentin aurait-il fait appel à leurs services pour me jouer une mauvaise blague? Pourtant, nous sommes encore loin du premier avril...

— Corentin, dis-je en ravalant ma salive, ta *joke* est pas drôle. Comment peux-tu me faire ça? C'est vraiment chien!

— Quoi? Je pensais que tu serais heureuse...

Mon ami me fait un air que je ne lui ai jamais vu. Il me scrute avec attention comme s'il essayait de voir si un boulon s'est détaché de ma tête.

— Heureuse? Je ne le connais même pas! Pourquoi t'as engagé un sosie, hein? Et regarde-moi pas comme ça!

Corentin continue de me considérer comme si j'étais folle.

— Laura, est-ce qu'elle est malade? demande-t-il à ma sœur.

— Je ne suis pas malade! Et toi, le faux Lucien, là, dis-je en pointant du doigt le sosie de mon ex-amoureux, sors de ma chambre et de ma maison!

— Marie! C'est véritablement moi... fait la voix cassée du gars qui ressemble à Lucien.

Ce n'est pas la voix calme et assurée de mon ex-amoureux. Une autre preuve qu'il n'est pas lui.

Le regard du gars oscille entre Laura et Corentin. Il tient bien son rôle, mais je ne mords pas à l'hameçon. Pour me convaincre que je n'hallucine pas, je m'en approche pour le scruter d'un peu plus près. J'approche mon nez de son cou et je le sens se figer comme une statue.

— T'as pas la même odeur, dis-je en le poussant de toutes mes forces, tentant de le faire reculer vers le corridor, mais sans succès.

L'intrus serre les dents et refuse de bouger d'un seul centimètre. Il est solide, encore plus que le vrai Lucien, et je le déteste autant que ce dernier. Me donner ce petit spectacle est dégoûtant. Mes mains tremblent et mon cœur s'emballe, mais pas de bonheur.

— Marie, murmure-t-il en saisissant mon poignet d'une main ferme, c'est bien moi ! Des stylistes ont changé mon apparence et j'ai encore grandi. On m'impose un programme d'entraînement physique très intense. Mais je te jure que je ne suis pas un imposteur. Comment peux-tu ne pas me reconnaître ?

Tirant mon bras pour me dégager de son emprise, je le fixe droit dans les yeux. Pour ce faire, je dois lever la tête plus haut qu'avant. Ses yeux bruns ne mentent pas. C'est bien lui. Je dois finalement l'admettre, même si chaque fibre de mon corps refuse d'y croire. Je m'étais presque convaincue. Je suis passée à un cheveu de réussir à le faire partir. Le problème, c'est que mon cœur me dicte le contraire. Il me dit : c'est lui. Mes yeux s'emplissent de larmes, mon menton se crispe.

— Va-t'en! J'ai dit: va-t'en! dis-je en marchant vers la salle de bains.

D'un bang! violent, je claque la porte derrière moi, mais j'entends toujours sa voix.

— Marie, dis pas des trucs comme ça… Je t'en prie…

Chapitre 2

La grosse menace

Je n'ai jamais vu Lucien aussi démoli. Son visage est rouge, ses yeux luisent. Des larmes coulent sur ses joues. J'ai envie de pleurer avec lui. Moi, je sais qu'il aime Marie-Douce et pourquoi il lui a envoyé cette fameuse lettre. Son père l'y a forcé. Mon cœur se brise pour lui. Je ne comprends pas que ma sœur réagisse ainsi. Ou peut-être un peu. Il l'a vraiment anéantie.

— OK, marmonne-t-il en portant le dos de sa main à ses yeux, je comprends. Je pars.

Sans attendre, le chanteur le plus populaire de l'heure pivote sur ses talons et quitte la pièce, laissant derrière lui un Corentin médusé. Celui-ci secoue la tête avec énergie, comme pour s'assurer qu'il ne rêve pas.

— Qu'est-ce qui vient de se passer ? me demande-t-il avec de grands yeux ronds.

Je hausse les épaules, aussi déconfite que lui. Cette réunion ne s'est pas produite comme prévu, ça, c'est sûr. Ma sœur n'a jamais été aussi imprévisible. Alors que Corentin et moi échangeons des regards ahuris, Marie-Douce ouvre le robinet dans la salle de bains, sûrement pour se jeter de l'eau froide au visage.

— Moi qui pensais qu'elle serait heureuse de voir Lucien, fait Corentin avec étonnement.

Les mains sur les hanches, je suis bien décidée à ne pas laisser Marie-Douce l'entêtée gâcher cette réunion.

— Je vais parler à ma sœur, va voir ton ami. Il semble vraiment détruit par la réaction de Marie-Douce.

— Non, faisons le contraire! suggère Corentin. Toi, va voir Lucien. Je m'occupe de Marie-Douce parce que c'est moi qu'elle blâme pour ce malentendu.

Acquiesçant de la tête à la demande de mon ami, je ne perds pas de temps et sors de la chambre. J'imagine que Corentin se sent trop mal à l'aise envers Lucien pour trouver quelque chose d'encourageant à lui dire.

Lucien s'affaire à chausser ses bottes lorsque j'arrive au salon. Son manteau est déjà enfilé. Il se redresse lorsqu'il me voit. C'est vrai qu'il a changé, je l'avais remarqué, moi aussi, quand il est arrivé à ma porte sans avertir. Contrairement à ce que j'ai cru durant la première fraction de seconde, il n'a pas maigri, il a acquis de la masse musculaire et son visage s'est sculpté. Je peux comprendre que Marie-Douce l'ait pris pour un sosie. Si j'avais été dans son état de confusion, j'aurais probablement réagi de la même façon.

— Lucien, ne pars pas tout de suite, dis-je d'un ton implorant. Elle a eu un choc en te voyant apparaître de nulle part. Il ne faut pas lui en vouloir… Ta lettre lui a fait vivre des moments horribles.

— Je ne lui en veux pas, au contraire. J'avais seulement… (il se racle la gorge) espéré qu'elle me saute dans les bras et me pardonne facilement. J'ai été con. T'en fais pas pour moi.

Il rit tout bas en secouant la tête, son regard rivé au plancher.

— J'aurais dû prévoir sa réaction, continue-t-il. Elle n'a jamais cherché à communiquer avec moi durant tout ce temps. Elle me déteste réellement.

— Non, non... Lucien! Tu ne peux pas croire ça pour de vrai! T'es pas du genre à abandonner si facilement.

En saisissant la poignée de la porte qui mène à l'extérieur, il me fait un sourire triste. Il ouvre, laissant le vent d'hiver pénétrer dans le salon.

— Au revoir, Laura.

Il doit faire -20 °C dehors. Lançant un coup d'œil par la fenêtre, je vois la Mercedes de Miranda. Bruno est au volant et attend patiemment en lisant un livre. Je ne peux pas laisser Lucien partir comme ça; je le regretterais toute ma vie! Saisissant mon manteau et plantant mes pieds dans les bottes trop grandes de Corentin, j'emboîte le pas à Lucien dans l'air froid, avec un seul but en tête: le convaincre de revenir et de parler à ma sœur.

— Hé! fais-je en saisissant son poignet.

J'espère qu'il ne s'obstinera pas trop longtemps. Mes doigts vont geler sous cette température arctique! Je serre de toutes mes forces. Je veux qu'il comprenne à quel point je suis déterminée.

— Si tu ne reviens pas pour parler à Marie-Douce, je vais appeler tous les magazines à potins pour leur dire que tu manges tes crottes de nez.

Je sais, c'est chien, mais parfois, la fin justifie les moyens. Pas que je pense vraiment que quelque revue que ce soit prendrait ma révélation au sérieux…

— Laura…, soupire-t-il.

— Je peux être sans scrupule quand je veux, t'sais !

Je ne mens pas : pour protéger et aider Marie-Douce, je serais prête à n'importe quoi.

— Arrête…

— Tu crois que je ne le ferai pas ? Han ?

Figée devant lui, j'attends qu'il capitule, en faisant une prière pour que ça ne lui prenne pas trop de temps : le bout de mes doits s'engourdit de seconde en seconde. Dans la voiture, Bruno a fermé son livre et nous observe. Lorsque, après plusieurs secondes d'hésitation, Lucien n'a toujours pas ouvert la portière, le chauffeur reprend son roman et s'y replonge. Puis, miracle ! Lucien s'avoue vaincu.

— D'accord. Rentre, je te suis.

— Sûr ? fais-je en levant les sourcils.

Non, mais c'est vrai, il pourrait dire ça juste pour que je le lâche et s'enfuir.

— Juré.

— OK.

Chapitre 3

La discussion

Je suis dans la salle de bains, assise sur le couvercle fermé de la toilette. L'eau glacée sur mes joues m'a fait retomber sur terre. J'ai du mal à retrouver mon souffle et à calmer le tremblement de mes mains. Pourquoi est-*IL* ici ? Entre tous les moments qu'il aurait pu choisir, pourquoi maintenant, alors que je commençais à me remettre de la peine qu'il m'a infligée ?

Sa présence ne me fait pas sauter de joie parce que je devine facilement ce qu'il veut me dire. Il se sent coupable de m'avoir fait le coup de la lettre, dans laquelle il disait me laisser pour une autre fille. Il veut que je lui pardonne et qu'on soit des amis. Eh bien, j'ai assez d'amis ! J'ai Laura, Corentin, Xavier, Maddox… peut-être même James Crown, d'une façon un peu tordue. Je n'ai pas encore décidé ce que je ferai de celui-ci. Bref : je ne veux pas de Lucien Varnel-Smith comme « ami ».

Des pas s'approchent. Je me redresse, sur le qui-vive. J'espère que c'est Laura. Les coups frappés à la porte me font grimacer.

— C'est qui ?

— Corentin. Je peux entrer ?

J'étends le bras pour déverrouiller la poignée rapidement.

— Salut…, fait-il en restant sur le seuil de la petite pièce.

— Qu'est-ce que tu veux, Corentin ? Ça ne me tente pas de parler.

Appuyé au cadre de la porte, il croise les bras sur sa poitrine et me fait un demi-sourire.

— C'était quoi au juste, ça? T'as perdu ton cerveau, c'est ça?

— J'ai dit que je ne voulais pas parler.

Apparemment déterminé à ne pas m'écouter, il s'accroupit devant moi, posant ses mains sur mes genoux.

— Tu vas rester longtemps assise sur la cuvette? demande-t-il.

— Tu ne peux pas comprendre.

Pour toute réponse, il éclate de rire.

— C'est pas drôle, dis-je en haussant les sourcils, vexée.

— Écoute, Lucien a fait tout ce chemin pour te voir. Ça devrait compter pour quelque chose, non?

— C'est toi qu'il est venu voir, dis-je en haussant les épaules. T'es son *BFF*, après tout.

— Oui… et non. Plus maintenant.

— C'est de ma faute. Il était ton meilleur ami avant que j'apparaisse et que je me mette entre vous deux. J'ai gâché votre amitié.

— C'est pas de ta faute.

— Oui, ça l'est. J'aurais jamais dû tomber amoureuse de ton meilleur ami.

— Ça ne se contrôle pas, m'assure Corentin. Si c'était le cas…

Corentin s'interrompt avant de terminer sa phrase. Je crois deviner ce qu'il allait dire : si on pouvait contrôler nos sentiments, il ne souffrirait pas à cause de moi.

— De toute façon, Lucien est venu ici seulement pour s'assurer que j'ai bien reçu sa lettre.

Corentin émet un soupir agacé.

— Arrête de dire n'importe quoi, Marie-Douce ! T'es lourde à la fin ! T'as pas vu qu'il pleurait ?

À cela, mon cœur fait un bond et je relève les yeux pour dévisager Corentin.

— Est-ce que t'essaies de me faire tomber dans ses bras ?

— Non. Le problème, c'est que je sais que tu souffres à cause de lui depuis qu'il t'a laissée tomber. Le seul remède serait d'avoir une discussion franche avec lui. Pour être bien honnête, j'espère que tu le largueras une bonne fois pour toutes, admet-il en riant, mais je doute que ça soit aussi facile. Avec son charme et ses larmes, il va finir par te toucher droit au cœur. Mais j'espère le contraire. Voilà, c'est dit !

En d'autres termes, Corentin espère toujours que je le choisisse, lui. Je n'ai pas envie de rouvrir cette boîte de Pandore. Je reviens donc sur le sujet de Lucien.

— T'en fais pas, j'ai pas envie de lui ouvrir mon cœur. Il est bon acteur. C'est un artiste complet, Lucien. On ne peut pas lui enlever ça. Il a du talent dans tout, même pour pleurer sur commande. Écoute, Corentin, t'as beau croire que j'exagère et que je suis « lourde » avec mes pensées pessimistes, mais pour de vrai, je sais déjà ce qu'il me dira. Il veut soulager sa conscience de m'avoir laissée tomber comme une vieille chaussette. D'ailleurs, dis-je en me levant, je pense que je vais l'accommoder. Tu as raison ! Il faut que j'aie une discussion franche avec lui. Comme ça, il pourra retourner d'où il vient et ne plus m'achaler avec ses larmes de crocodile.

Corentin semble surpris par ma décision soudaine. Je le suis aussi ! Je crois toutefois qu'arracher le pansement d'un seul coup est la meilleure façon d'en finir. Je dois prendre mon courage à deux mains. Si je ne règle pas la situation avec Lucien pendant qu'il est ici, je le regretterai.

Je dois prendre une longue inspiration pour m'injecter une bonne dose de courage avant de parler.

— Il est où ? finis-je par demander.

— Euh… parti, je crois, marmonne mon ami.

— Peux-tu l'appeler ?

Corentin n'a pas le temps de le contacter. J'entends déjà les voix de Laura et de Lucien. Ce dernier n'était pas parti très loin, semble-t-il. Est-ce que c'est Laura qui l'a retenu ? Elle était tellement excitée par sa visite, tout à l'heure ; je ne serais pas surprise qu'elle l'ait empêché de partir.

— Il est en bas, me dit Corentin en fermant son cellulaire. Je vais lui dire de monter.

D'un rapide mouvement de la tête, j'acquiesce à sa suggestion, maintenant incertaine d'avoir le courage de faire face à mon ex.

Respire, Marie-Douce…

Lucien me rejoint dans ma chambre en ce qui ne me semble être que quelques secondes à peine. A-t-il sprinté dans l'escalier ? J'ai dû plutôt ne pas sentir les minutes passer parce qu'il n'est pas essoufflé.

Il entre, hésitant, sans sourire. C'est la première fois que je vois Lucien aussi vulnérable. Si je ne le connaissais pas mieux, je croirais voir un gars timide et maladroit. Il est encore plus beau qu'avant. Ai-je changé autant que lui ? Je dois avoir l'air d'une fillette à côté de lui.

Je prends une grande inspiration, relève la tête et le fixe droit dans les yeux. Il ne peut pas savoir qu'en dedans, je suis en bouillie.

— Je suis désolée pour tout à l'heure. Je ne m'attendais vraiment pas à te voir. Il se passe tellement de choses dans ma vie. Sûrement pas autant que toi, avec les Full Power et tout le tralala… mais tout de même ! J'ai changé d'école. Je fréquente un collège d'artistes, en concentration danse. C'est vraiment *nice*. J'y ai rencontré plein de monde super intéressant…

Il lève une main pour freiner ma diarrhée verbale. Non, mais, qu'est-ce qui me prend ? Ai-je tant besoin de lui faire savoir que je ne pense pas à lui ? Je dois admettre que oui…

— Dont James Crown, je sais, dit-il en grimaçant.

Oups ! Là, je me sens un peu mal.

— Ouais… Il t'a contacté…

— Un peu, oui.

Tout à coup, une ampoule s'allume dans ma tête. Il est ici pour me demander de dire à James de le laisser tranquille. J'aurais dû y penser !

— Ah, c'est pour ça que t'es ici ! Tu veux que je lui dise de te lâcher ? Je vais le faire. D'ailleurs, j'étais vraiment outrée quand il m'a dit qu'il t'avait fait des menaces.

— Marie ! Arrête de parler ! s'exclame Lucien.

Il ferme les yeux. Je peux voir sa mâchoire se contracter.

— Je ne suis pas venu te parler de Crown. Il peut faire publier n'importe quoi à mon sujet. C'est pas comme si les journaux à potins n'avaient pas déjà inventé toutes sortes de choses qui ne sont jamais arrivées. Je suis habitué.

— Alors pourquoi t'es là ?

Ses yeux s'arrondissent parce que je viens de hurler ma question. À son tour, il laisse les mots sortir de sa bouche dans un cri de colère, me privant de toute réponse :

— Parce que la lettre était **fausse** !

Chapitre 4

Un cœur immense

Dès que Lucien est monté pour parler à Marie-Douce, Corentin est sorti dans le froid, le temps de dire à Bruno qu'il pouvait retourner à Vaudreuil-sur-le-Lac. Évachés sur le sofa, nous attendons de voir nos amis descendre au salon après leurs grandes retrouvailles. Soudain, leurs voix énervées nous parviennent. Fronçant les sourcils, je lance un regard inquiet à Corentin.

— Ouch ! Je pense qu'ils se chicanent, dis-je tout bas. J'ai pas compris ce qu'ils ont crié, toi ?

Secouant la tête à la négative, Corentin sourit, peut-être un peu malgré lui. Nous savons tous qu'il a hâte que Marie-Douce soit libérée de l'emprise affective de Lucien.

— Ouais… Ç'a l'air de barder en haut. Quand ça sera silencieux, faudra peut-être s'inquiéter.

— J'ai comme l'impression que ça sera long, leur affaire. J'en reviens pas que Lucien ait pris la peine de nous commander une trousse de tests d'ADN. C'est tellement fin de sa part !

Étirant mon bras vers la table à café, je saisis le paquet en question et l'ouvre avec prudence. J'ai peur de briser quelque chose et de ne plus pouvoir l'utiliser. Ça serait dramatique. Sortant les articles de la housse de vinyle pour la deuxième fois depuis que je l'ai reçue, je constate avec surprise qu'il n'y a pas deux cotons-tiges, mais bien trois. Il y a aussi trois fioles de plastique transparent. Le troisième *kit* était tout au fond, dans un repli de la housse. Je peux bien ne pas l'avoir vu ! Il doit s'agir d'une erreur.

— Oh ! On dirait que Lucien en a commandé un de trop !

Corentin secoue la tête.

— C'est pas une erreur. Il m'a confié qu'il a demandé d'ajouter un test pour ton père, au cas où il reviendrait bientôt.

— Mais c'est de l'argent gaspillé !

Corentin hausse les sourcils.

— Je crois que Lucien se fiche bien de payer un peu plus pour s'assurer que toutes les possibilités soient considérées. Pour lui, c'était important de veiller sur toi.

Je ris un peu.

— Tu dis n'importe quoi ! Lucien, c'est ton ami et celui de Marie-Douce. Pour lui, je suis la roue de trop du carrosse.

— Détrompe-toi, Laura. Tu ne le connais pas si bien. Lucien a un cœur immense quand il s'agit d'aider les autres. Quand nous étions en France, avant que je déménage au Québec, nous avons fait les quatre cents coups ensemble, mais toujours dans l'optique de dénoncer les gens malhonnêtes ou de protéger les plus faibles. D'accord, des fois, nos méthodes étaient un peu tordues…, se rappelle-t-il en souriant dans le vide.

— Tordues comment ?

— Ce sont de longues histoires. Une autre fois, peut-être. Bon! fait-il tout à coup pour changer de sujet. Où est Xavier? Qu'on fasse ce test pour l'envoyer au plus vite!

Wow, on dirait que Corentin est aussi impatient que moi de savoir la vérité!

— Il avait un entraînement de hockey. Il m'a texté tout à l'heure pour me dire que Maddox était chez lui et qu'il lui avait promis de passer la soirée avec lui.

— Lui as-tu dit pour la trousse de tests d'ADN?

— Non, je veux lui garder la surprise et la lui montrer en vrai. Je lui ai laissé un message sur sa boîte vocale, mais j'ai rien révélé au sujet de la trousse.

— Bonne idée. De toute façon, c'est le week-end et même si tu les mettais à la poste ce soir, le service est fermé jusqu'à lundi.

— C'est ce que je me disais. Je lui montrerai demain. Corentin, quelque chose me tracasse un peu…

— Ah oui? Quoi donc?

— Ma mère… je pense qu'elle ne va pas très bien.

— Elle est malade, tu crois? demande Corentin.

— Je ne le sais pas. Elle est comme… trop distante avec moi, et même avec Hugo. Elle passe beaucoup de temps à lire dans sa chambre et le reste du temps elle a l'air absorbée dans ses pensées.

— Elle lit peut-être un super bon roman.

— Ouais, peut-être… T'as raison. Elle vient de s'acheter le dernier livre de Marie Laberge.

— Bon, tu vois ! Arrête de t'inquiéter, fait Corentin en me serrant le genou de sa main.

Un silence s'installe entre nous et je remarque que nous n'entendons plus les voix hurlantes de Marie-Douce et de Lucien. Oh ! Je gage qu'ils sont en train de s'embrasser ! Puis, j'entends quelqu'un qui descend l'escalier. Je me retourne pour voir, et c'est ma mère qui est là. Je sursaute parce que je crains qu'elle ait entendu ce que je viens de dire à son sujet.

— Est-ce que c'est bien Lucien que j'ai vu, tout à l'heure ? demande-t-elle.

— T'as pas rêvé, dis-je en souriant. Regarde, maman ! C'est lui qui a commandé la trousse et il a pensé à prendre trois fioles ! Il y en a une pour papa, au cas où il reviendrait bientôt ! N'est-ce pas super gentil ?

Pour une raison que j'ignore, ma mère blêmit un peu. Elle me fait un sourire un peu bizarre…

— Oui, j'ai vu ça tantôt. Trois tests, wow ! C'est super, ma chouette ! Il est vraiment fin, ton ami…

Inquiète par sa réaction, je lance un regard entendu à Corentin, qui hausse les sourcils. Lui aussi semble intrigué. Je me lève du sofa pour m'approcher d'elle.

— Maman, est-ce que tout va bien ?

— Oui, oui !

Elle bat des paupières un peu trop fébrilement à mon goût. Elle me cache quelque chose, c'est sûr !

— Maman ? T'es sûre que t'es correcte ?

— Je suis juste un peu stressée par mes cours de biologie. J'ai des examens importants la semaine prochaine.

Ma mère étudie pour devenir infirmière. Elle y travaille très fort depuis des mois.

— Ah ! OK… Je suis certaine que tu réussiras. T'es la plus intelligente de ta classe, j'en suis sûre !

Il faudrait peut-être lâcher ton roman de Marie Laberge et étudier…

— Ça ne prend pas que de l'intelligence, malheureusement… Il faut connaître la matière. Bon, bien, je vous laisse. Hugo rentrera tard, il est allé à une partie de hockey au Centre Bell avec un client.

— D'accord…

Je ne lui dis pas qu'avec tout ce qui se trame depuis le début de la soirée, j'étais loin de me préoccuper de l'absence de mon beau-père. Pas que je ne l'aime pas, mais…

— Est-ce que Xavier viendra ici demain ? demande-t-elle soudain.

— J'espère bien, pourquoi ?

— Rien de spécial. Est-ce que vous allez rester ici ?

— Euh… je ne sais pas encore ce que nous allons faire de notre samedi… Pourquoi ?

— Pour rien… Bonne nuit ! Tu diras à Marie-Douce que Lucien doit être parti pour 22 heures, d'accord ? Corentin, toi aussi !

— Nathalie, c'est du sexisme, ça ! Si j'étais une fille, je pourrais passer la nuit dans la chambre de Laura et de Marie-Douce et tu ne sourcillerais même pas ! Je me sens persécuté.

— Très drôle, fait ma mère. Vingt-deux heures, pas une minute de plus.

— D'accord… mais je suis marqué à vie, rétorque Corentin, une main sur le cœur.

— J'ai le dos large, mets ça sur mon compte, dit ma mère en riant.

Ce couvre-feu, c'est le règlement que nos parents ont instauré à la maison dernièrement. Tout pour éviter que Xavier s'endorme dans mes bras, han ! Chers adultes, toujours inquiets qu'on fasse des affaires « pas correctes ». Tssss !

Une fois ma mère remontée à sa chambre, je me dirige vers le sofa et reprends ma place à côté de Corentin.

— Je confirme, ta mère est bizarre. Quelque chose se trame, affirme-t-il.

— T'as raison, mais quoi ?

Chapitre 5

Deux mille fois

— Quoi ? Comment ça, fausse ? C'est pas toi qui l'as écrite ?

Incrédule, je me laisse tomber sur le lit de Laura, plus proche que mon propre matelas. Les pieds sur le plancher, je me couche sur le dos et couvre mon visage de mes mains. Je suis étourdie, fâchée, heureuse, soulagée, inquiète… Tout ça et plus encore. Aurais-je donc souffert pour rien tout ce temps ?

— C'est moi qui l'ai écrite, admet-il dans un souffle.

Je sens le matelas descendre sous le poids de Lucien qui vient de s'asseoir à côté de moi. Cette horrible confidence me pousse à me relever pour m'éloigner de lui, encore plus confuse.

— Je ne comprends pas. Explique !

Ce disant, je me lève d'un bond. Je me tiens debout entre les deux lits, les bras dans les airs. Je suis si énervée que j'en frissonne, comme s'il faisait -10 °C dans la pièce.

— C'est ce que j'essaie de faire…

Il se lève à son tour et s'approche. Je recule. Il fait un autre pas ; je recule encore. Il s'arrête.

— J'y ai été obligé par mon père.

Je le fixe un long moment. Que répondre à ça ? Mes émotions s'emmêlent de nouveau les unes aux autres : l'espoir, le regret, la colère…

— C'est pas vrai… ce genre de choses, ça arrive juste dans les films.

Lucien émet un rire sans humour.

— Mon père est particulier… Il fait souvent des choses qu'on ne voit que dans les films. Bref, j'ai fini par régler mes problèmes avec lui. Longue histoire. Mais, Marie… pourquoi est-ce que tu ne m'as jamais contacté ?

— Je pourrais te poser la même question !

Lucien laisse échapper une bouffée d'air, les yeux au plancher. Puis, il cherche mon regard en posant une main sur mon épaule. Cette fois, je ne bouge pas. Son contact me rassure. Je sais, je suis faible quand il s'agit de Lucien.

— Mon père surveillait toutes mes communications. Pour mon bien, qu'il disait. Et j'étais certain que tu ne voulais pas me parler puisque tu ne m'écrivais pas ni ne m'appelais. J'ai essayé d'autres moyens pour tromper sa vigilance. La chanson *Sweet Mary*, tu l'as entendue ?

Au moins deux mille fois !

— Oui, une fois ou deux…

— C'était pour toi. J'étais désespéré.

Son aveu me touche profondément. Je l'étais moi aussi, désespérée. Apprendre que nous souffrions tous les deux également d'un côté et de l'autre de la planète me fait bizarre. Je croyais que Lucien était passé à autre chose et qu'il m'avait oubliée, alors qu'en fait, il était captif de son père.

— Corentin s'est pourtant donné beaucoup de mal pour me faire comprendre que cette chanson n'était pas pour moi.

— Je sais, dit sèchement Lucien en passant une main dans ses cheveux châtains.

— Comment tu le sais ? Il te l'a dit ?

Lucien secoue la tête.

— Non, Laura me l'a dit. Je suis passé, il y a quelques jours, et je lui ai tout raconté. Elle t'a rien relayé ?

C'est à mon tour de secouer la tête.

— Elle a pas eu le temps. Je venais tout juste d'arriver du pensionnat quand t'es apparu ici. Elle essayait de me le dire, je crois… mais je la taquinais concernant autre chose… Bref, elle m'a rien révélé.

La façon dont Lucien me regarde à cet instant précis me fait ramollir. On dirait qu'il souffre et je ne peux pas le tolérer. J'ai envie de prendre son beau visage entre mes mains et de lui dire que tout va bien aller. La seule chose qui m'en empêche, c'est ce sentiment de rancœur que je porte encore en moi. Il vient de tout m'expliquer et de s'excuser de m'avoir fait du mal malgré lui, et mon cerveau le comprend bien. Mon cœur, par contre, est blessé et la cicatrice est encore vive.

— Je t'aime, Marie…

Ce disant, il lève la main pour saisir une mèche de mes cheveux blonds.

— Alors, t'avais pas de nouvelle blonde ?

— Blonde ?

— Petite amie.

— Non.

Sa réponse m'apaise et m'énerve en même temps. C'est trop difficile à croire.

— Les filles doivent se garrocher sur toi à tous les coins de rue.

— Oui, elles se « garrochent », comme tu dis, mais ça m'est égal. Toi, tu as un petit ami ?

J'ai une pensée pour Maddox et mon cœur se serre. Je ne veux pas mentir. En même temps, nous n'avons jamais dit que nous sortions ensemble.

— Non… pas vraiment.

— Pas vraiment ? répète-t-il en fronçant les sourcils.

— La vie a continué, Lucien.

Je vois sa mâchoire se serrer et ses pupilles se dilater. Il n'est pas heureux de m'entendre dire ça.

— Je vois. C'est de ma faute.

— Oui, un peu. Ou celle de ton père.

— J'aurais dû y penser. Une fille comme toi, ça ne reste pas seule longtemps.

— Un gars comme toi non plus.

— Marie… Est-ce que je peux te prendre dans mes bras, maintenant ?

J'acquiesce de la tête et je prends même les devants, entourant sa taille de mes bras. Son menton se dépose sur mes cheveux. Était-il de si haute taille, la dernière fois que je l'ai vu ? Puis, je me souviens qu'il a mentionné avoir grandi. Mes souvenirs sont flous. Alors que Lucien me serre plus fort, j'entends son cœur battre contre mon oreille et un mauvais pressentiment m'assaille. Pourquoi ai-je cette impression que c'est peut-être la dernière fois qu'on est ensemble avant très longtemps... ou jamais ?

— Marie ?

— Oui ?

— Je pars au Yémen pour un voyage d'un mois avec Harry Stone et quelques membres de notre entourage, dont une immense équipe de sécurité, mon agent et notre professeur privé. Nous y rejoindrons des journalistes et quelques travailleurs humanitaires pour faire un documentaire.

Voilà ! Je le savais !

Je dois forcer un sourire pour cacher ma déception. Je m'attendais à quoi ? Qu'il reste avec moi à Vaudreuil-Dorion ? Qu'il s'inscrive au collège de la Tourelle ? Voyons, Marie-Douce ! C'était perdu d'avance.

— Ah, c'est, euh... *cool.* Et ton père ? Il approuve ce voyage ?

De ses deux mains, il couvre mes joues et relève mon visage. Pour la première fois depuis son retour, il pose ses lèvres sur les miennes. Même si le contact ne dure que trois secondes, j'ai les genoux qui flanchent sous mon poids.

— Mon père a rien à dire, dit-il en relevant la tête. La longue histoire que je n'ai pas envie de raconter et que je n'ai pas révélée à Laura lors de ma première visite se résume au fait que ma mère l'a finalement plaqué et que je me suis émancipé de son autorité, puisque j'ai seize ans, l'âge de choisir. Mon père n'a pas trop protesté puisque j'avais bien des choses à lui reprocher, et il le savait. Il y a eu une interdiction de publication dans les médias, c'est pour ça que t'en as rien su. J'ai dû aller en cour devant un juge pour gagner ma liberté malgré mon âge.

— Oh, mon Dieu, Lucien ! Si c'est ce que tu voulais, je suis heureuse pour toi. Ton père ne pourra plus gâcher ton existence.

— Il trouvera d'autres moyens. Jake Smith n'a jamais été du genre à lâcher prise facilement.

En parlant, il a fait glisser ses mains de mes joues vers mes épaules, qu'il serre gentiment avant de me lancer une invitation incroyable.

— Marie… j'aimerais que tu m'accompagnes. Avec l'autorisation de tes parents, évidemment.

Pardon ?

Chapitre 6

Tombée sur la tête

Hier soir, Lucien et Corentin sont partis un peu avant 22 heures, comme le prescrit le nouveau règlement de la maison établi par ma mère et Hugo. Nous avons passé la soirée dans le salon, Lucien et Marie-Douce collés l'un sur l'autre sur le sofa, prenant la place que Xavier et moi occupions si souvent avant que le malheur nous frappe. Avant la terrible rumeur que nous allons tirer au clair sous peu.

Ils étaient dans leur bulle de bonheur, tous les deux. Comme si rien ne s'était passé. Ou presque. Je pouvais très bien déceler la tristesse infinie dans les yeux de Marie-Douce. Je sentais qu'elle savourait chaque seconde en compagnie de Lucien. Elle savait, comme moi, qu'il ne pourrait pas rester.

J'ai appris que Lucien s'était émancipé de son père. Ça m'étourdit un peu. Mais surtout, je suis encore et toujours impressionnée par l'attitude stoïque de Corentin face à Marie-Douce et à ses propres sentiments à sens unique. C'est comme s'il était certain qu'un jour, le vent tournera en sa faveur, et qu'il n'aura qu'à être patient. Je l'admire pour ça. C'est comme dans les grands romans sentimentaux, quand l'amour est assez fort et vrai pour qu'on se sacrifie pour le bonheur de l'être cher. Wow.

Je n'ai pas encore dit à Xavier que nous avons la trousse de tests. Il sera ici tout à l'heure, un peu avant midi. Je lui annoncerai la bonne nouvelle en personne. Je ne me peux plus d'attendre qu'il arrive !

Marie-Douce vient d'entrer dans le bureau d'Hugo. Elle ne va dans cette pièce que lorsqu'elle a quelque chose d'important à discuter avec son père. Je me demande bien de quoi il peut s'agir… Elle ne m'a rien dit de particulier lorsqu'on s'est couchées, hier soir, après le départ des garçons. Une chose est sûre : peu importe ce qu'elle demandera, Hugo dira non, comme d'habitude.

— ÉVIDEMMENT QUE C'EST NON ! ES-TU TOMBÉE SUR LA TÊTE ? fait la voix courroucée de mon beau-père, que j'entends à travers la porte qu'il ouvre brusquement pour sortir dans le couloir.

Ah, ben voilà. Qu'est-ce que je disais ?

— Mais, papa ! Ce sera éducatif ! Et sécuritaire !

— Ça ne peut pas être sécuritaire ! C'est le Yémen, Marie-Douce, et nous sommes dans une époque dangereuse. En plus, si tu penses que tu voyageras seule…

— Pas seule ! Il y aura plusieurs membres de son équipe de tournée et son prof ! Sans parler d'une armée de professionnels qui vont s'occuper de notre sécurité.

— C'est non, Marie-Douce. Tu retournes au collège et c'est tout.

— Mais papa ! Pourquoi ? Si c'est pour l'argent…

— Insulte-moi pas ! fait Hugo. Tu sais très bien que c'est pas la raison. Même moi, j'irais jamais là et j'ai beaucoup voyagé dans ma vie !

— T'es pas *cool* ! J'ai quatorze ans, je ne suis pas un bébé !

— C'est un pays dangereux. Ça dépasse tout ce que tu peux imaginer. Tu veux qu'on fasse un voyage ? On ira passer une semaine aux Bahamas, dans un Club Med. J'irai boire des piña colada et tu te baigneras dans l'océan sous la surveillance d'un sauveteur qualifié. Mais le Yémen, c'est non. Je ne peux même pas croire que nous ayons cette conversation, c'est totalement ridicule.

C'est quoi cette histoire de Yémen ? Ni Marie-Douce ni Lucien n'en ont parlé hier soir ! Sans hésiter une seule seconde, je saisis mon cellulaire pour faire une recherche sur internet. Ce que je trouve me glace le sang. Le Yémen est au sommet de la liste des pays les plus dangereux du monde ! Je serre les dents. Si Hugo faiblit et accepte de la laisser partir, c'est moi qui lui barrerai le chemin. Je ferai n'importe quoi pour l'empêcher d'y aller. Est-ce qu'elle est complètement cinglée ? Puis, je me souviens de l'adage : l'amour, c'est plus fort que la police. Ha ! JE serai plus forte que la police !

Si Lucien réapparaît dans mon salon, je vais lui dire ma façon de penser, test d'ADN en cadeau ou non ! Tsssss !

Très vite, ma sœur sort du bureau, la tête basse. D'un bond, je me rue sur elle, saisissant ses épaules pour la secouer.

— C'est non pour le Yémen ! C'est non ! T'as compris, espèce de tête folle ?

Mes yeux deviennent humides tellement je suis terrifiée à l'idée qu'elle réussisse à y aller. Puis, sous mes paumes, je sens que ses épaules tremblent et qu'elle fuit mon regard. Ah non, ça ne se passera pas comme ça. Délaissant ses épaules pour relever sa tête de mes deux mains, je scrute son visage rougi et mouillé de larmes.

— Je ne le reverrai plus jamais…, dit-elle en sanglotant. J'étais prête à aller jusqu'au bout du monde…

Sa douleur est si vive et si visiblement plaquée sur ses traits que mon cœur se serre.

— Oh, Marie-Douce… Je te comprends tellement !

Je la serre contre moi, sa tête sur mon épaule. Et nous restons ainsi de longues minutes. Pourquoi les choses ne sont-elles jamais simples ? Quelques heures de bonheur et paf ! allô, le braillage !

Chapitre 7

Mourir pour lui

C'est l'arrivée de Xavier qui nous force à nous décoller, Laura et moi. Elle ne veut pas me lâcher, malgré l'arrivée de son amoureux-peut-être-demi-frère et le fait qu'elle a quelque chose de méga-important à lui montrer, et j'ai nommé : le test d'ADN. J'utilise donc toute l'énergie qu'il me reste pour me détacher de son étreinte et sourire au nouvel arrivant. Ce dernier semble inquiet. Il y a de quoi ! Laura pleure encore comme une Madeleine et moi, je dois avoir la face rouge et toute défaite.

— Salut, Xavier… je te la laisse.

— Voulez-vous bien me dire ce qui se passe ?

Il n'a même pas encore retiré ses bottes et son manteau qu'il s'approche de Laura pour entourer ses épaules tremblotantes de son bras.

— Rien…, dis-je du bout des lèvres.

— ELLE VEUT ALLER AU YÉMEN ! s'écrie Laura en me pointant du doigt comme si j'étais coupable d'un meurtre.

Xavier cligne des yeux, visiblement incrédule.

— Hein ? fait-il en secouant la tête comme pour se réveiller.

— C'est pas TOUTE l'histoire…, dis-je en grimaçant.

— C'est quoi, l'histoire, alors ? demande Xavier en se déchaussant sans utiliser ses mains.

En deux coups de pied précis, il propulse ses bottes près de la porte d'entrée et se défait de son manteau qu'il laisse glisser sur le canapé. Tout ça sans se détacher de Laura qui continue de sangloter. Je la soupçonne d'en mettre un peu plus pour que je me sente mal de mon désir (de toute façon vain) d'aller au Yémen.

— Lucien m'a demandé d'y aller avec lui et son équipe… Euh, je veux dire: il m'a invitée.

Avec un rire sarcastique, notre ami lève les mains pour saisir mes épaules à son tour. Mais qu'est-ce qu'ils ont tous?

— Dis-moi, Marie-Douce, je sais que tu l'aimes, ton Lucien la vedette, mais t'es prête à mourir pour lui?

OUI!

— Non! Bien sûr que non, mais… c'est pas SI pire que ça, le Yémen. C'est pour faire un documentaire et ils seront super bien protégés!

— Ah, oui? Avec quelle armée? demande Xavier en plissant les yeux.

Voilà que Xavier se joint à la coalition Faisons-peur-à-Marie-Douce! Moi qui croyais que le garçon qui a fait plein de fugues avait l'esprit ouvert. On dirait bien qu'il n'est pas mieux que mon père et Laura.

— Arrête donc! Bon, je vous laisse pour de vrai. Vous me tapez un peu sur les nerfs, là.

Xavier rit tout bas en me regardant de haut. Ça faisait longtemps que je ne l'avais pas vu sourire. Au moins, mon malheur aura servi à ça. Je prends la direction de l'escalier, mais Xavier m'arrête, maintenant sérieux.

— Pour de vrai, Marie-Douce, c'est pas une bonne idée. Fais des recherches sur l'endroit, tu verras par toi-même. Je niaise pas.

Hochant la tête lentement, les lèvres pincées, je n'ai plus rien à dire sauf un petit « OK » que je force hors de mon gosier.

J'ai couru dans l'escalier. Je n'en pouvais plus de me faire dire que d'accepter l'invitation de Lucien est une mauvaise idée. Il faut que je voie Lucien au plus vite. Saisissant mon iPhone pour lui écrire sur Skype, je vois qu'il m'a devancée.

Lucien
Bonjour Marie, je n'ai pas dormi de la nuit. As-tu demandé la permission à ton père pour le voyage ?

Moi
Est-ce qu'on peut se voir tout de suite ?

Puis, regardant mon pyjama et touchant à mes cheveux un peu sales, je me reprends :

Moi
Ou dans une heure ?

Lucien
Dis-moi l'heure et l'endroit 😊

Moi
Au McDonald, à 10 heures ?

Lucien
Je pense que ce n'est pas une bonne idée pour moi d'aller au McDonald...

Moi
Zut, je n'ai pas pensé à ça. Es-tu chez les Cœur-de-Lion ?

Lucien
Oui !

Moi
Je m'en viens dès que je suis prête, ne bouge surtout pas !

Lucien
Aucun danger

Moi
À tantôt !

Chapitre 8

Quand c'est vrai, la peur s'installe

Comme si le simple fait d'être en possession de la trousse de tests réglait en grande partie notre immense problème, j'ai failli me jeter dans les bras de Xavier. Il m'a devancée en me serrant contre lui, malgré son manteau, parce que je sanglotais comme une Madeleine (OK, je l'avoue, j'exagérais un peu les sanglots pour être sûre que mon message passe dans l'esprit de ma sœur concernant le Yémen).

Même s'il fait bon de pouvoir me rapprocher de lui un peu, je sais que nous ne sommes pas au bout de nos peines. Malheureusement, nous ne sommes pas encore sortis du bois avec cette histoire de demi-frère et de demi-sœur.

Une fois Marie-Douce disparue dans l'escalier, Xavier et moi nous fixons un long moment. Dans ses yeux sombres, je vois la même tristesse qui a été présente toute la semaine.

Sans patienter plus longtemps, je m'approche, saisis sa manche (pas sa main) et le tire vers le salon, où j'ai laissé la trousse magique.

— Viens.

Xavier me suit docilement. Mon cœur fait un bond, puis l'anxiété revient. Il ne faut pas que je l'aime trop, du moins pas de cette façon et pas tout de suite. Peut-être jamais. Non! Il ne faut pas penser comme ça. Il faut rester optimiste.

Je l'entraîne au salon et m'assois sur le sofa, où Xavier me suit, se laissant choir de tout son poids. Son mouvement m'attire à lui, mais lorsque ma tête atterrit sur son épaule, je ferme les yeux, prends une grande inspiration et me redresse brusquement. Il faut calmer cette force qui nous pousse l'un vers l'autre.

— J'ai une surprise pour toi, dis-je d'une voix cassante.

Zut ! J'ai des larmes qui montent à mes paupières. Je dois contrôler mes émotions.

— Ah oui ?

— C'est le test.

S'il était affalé contre les coussins, il ne l'est plus en une fraction de seconde. Très vite, il prend le coffret et l'ouvre avec curiosité.

— Mais… j'ai pas encore l'argent…

— C'est Lucien qui l'a commandé. Je lui avais raconté notre problème et pouf ! J'ai reçu la trousse comme par magie.

Le regard de Xavier va et vient entre le paquet et mon visage.

— On va bientôt savoir…, murmure-t-il en ravalant difficilement sa salive.

— Je sais. C'est fou, han ?

Il hoche la tête, gardant le silence un long moment. Puis, il dépose notre trésor sur la table basse.

— J'ai peur du résultat, Laura.

— Moi aussi.

— Pourquoi il y a trois trucs de test ?

— J'étais surprise aussi quand j'ai trouvé le troisième tout au fond du paquet. C'est pour papa…

— Tu veux dire TON père.

— Oui, un pour MON père.

— Mais il est encore là-bas, dit Xavier en faisant référence à l'autre côté de l'océan.

— Il le fera quand il arrivera. Nous, on n'attendra pas. Il faut le poster dès lundi, première heure !

— On le fera demain, comme ça, ça sera plus frais, dit-il.

— Tu penses que ça change quelque chose ?

— J'en sais rien. Je veux juste être sûr de mettre les chances de notre côté, murmure-t-il, encore nerveux.

— OK, on le fera demain soir, alors.

Chapitre 9

Tête première

Je n'ai pas demandé à papa de m'emmener chez Miranda. Je suis trop fâchée contre lui. Je suis aussi très frustrée des propos de Xavier et même de Laura. N'ai-je pas assez souffert de ma rupture avec Lucien ? N'ai-je pas mangé mon pain noir en me retenant pour ne pas le contacter ? Depuis qu'il m'a dit que la lettre était fausse, qu'il a été forcé de l'écrire, mon cœur bat librement à nouveau pour la première fois depuis que j'ai ouvert cette foutue enveloppe. Et maintenant, j'ai l'occasion inespérée de passer un mois avec lui, d'être avec lui tous les jours et de vivre une aventure extraordinaire ! Moi qui me suis toujours refermée sur moi-même, qui ai toujours eu peur de m'exposer au monde, je suis prête à me lancer dans cette aventure tête première ! Et personne n'est content pour moi.

J'ai cherché des informations sur le Yémen sur internet. Il y a une crise humanitaire, là-bas. Le but de Lucien est de se servir de sa renommée pour la mettre en lumière. Il souhaite aussi vivre cette grande aventure, malgré les risques. C'est super généreux et passionnant ! Voire héroïque ! Et il m'a assuré avoir une équipe de professionnels pour nous protéger. Mon père ne m'a même pas laissée lui expliquer les grandes lignes du projet. Il ne sait pas à quel point mon amoureux est sérieux dans sa démarche. Quelle fille ne voudrait pas voir ça de près ?

OK, il y a des frappes aériennes… mais il faudrait être malchanceux en mautadine.

J'arrive chez ma mère rapidement parce que, même si j'ai décidé de marcher, Bruno m'a interceptée pas loin du McDonald. C'est un soulagement parce que franchement, il fait froid comme au pôle Nord. J'ai les doigts et les orteils gelés. Sans parler de mon nez qui doit être si rouge que je pourrais changer mon nom pour Rudolphe Brisson-Bissonnette.

— Pourquoi est-ce que tu ne m'as pas appelé ? demande Bruno lorsque je me glisse sur la banquette arrière en grelottant.

— Bah ! T'es pas à mon service, tout de même ! dis-je en souriant. Mais t'as pas idée à quel point je suis contente de te voir !

— C'est un temps pour se casser l'émail des dents, dit Bruno en riant.

— J'ai jamais entendu cette expression avant, mais c'est très vrai !

— C'est parce que je viens de l'inventer, répond Bruno fièrement.

C'est ma mère qui m'ouvre la porte lorsque j'arrive au domaine des Cœur-de-Lion. Elle est énervée comme une petite fille. Derrière elle, Jessica Varnel accourt dans ma direction, ses bras déjà tendus pour me serrer et me faire la bise comme si c'était moi, sa vieille amie. Il faut dire qu'entre Miranda et Jessica, le courant passe et pas qu'à peu près. Ces deux femmes-là n'ont pas besoin de se voir souvent ni longtemps pour partager une solide complicité. Au début, je pensais que, pour ma mère, l'amitié de Jessica rimait avec « *matcher* sa fille avec Lucien-le-garçon-prometteur », mais avec le temps, je ne peux que constater que ces deux-là se sont liées d'une amitié sincère. Et puis, ma mère a un prétendant de rechange pour moi dans sa manche, en la personne de James Crown. Ça enlève de la pression sur Lucien en ce qui concerne Miranda.

— Ma jolie Marie-Douce, comment vas-tu ? demande Jessica en me serrant contre son corps un peu frêle.

Son parfum dégage des odeurs de patchouli, de vanille et de lavande. Un drôle de mélange qui, malgré tout, fait son œuvre. Ça sent le paradis. Et ç'a dû coûter cher.

— Bonjour, madame Varnel…

— Pas de ça, voyons ! Je pensais que tu m'appelais Jessica depuis toujours ?

En fait, j'évitais de l'appeler quoi que ce soit parce que je ne savais pas comment m'adresser à elle, justement ! Et son « depuis toujours » est un peu fort : je ne la connais même pas depuis une année entière.

— D'accord, Jessica. Je suis vraiment ravie de vous voir.

Pourquoi ai-je tendance à soigner mon langage quand je parle aux Français ? Ravie ? Vraiment ?

Nous ne nous attardons pas longtemps dans le hall d'entrée. Le temps de retirer mes bottes, mon manteau, ma tuque et tout le tralala qui vient avec mon accoutrement arctique, je rejoins Corentin et Lucien dans le grand salon blanc. À ma vue, Lucien lance son iPhone sur un coussin du long sofa (oui, blanc!) et s'approche rapidement. Lorsqu'il me serre dans ses bras et embrasse ma joue froide, j'entends ma mère qui couine derrière nous.

— Ooooh! Comme ils sont mignons! fait-elle de sa voix haut perchée.

Tiens, tiens, elle a déjà oublié qu'elle voulait me *matcher* avec James.

— Je n'ai jamais vu quelque chose de si charmant! renchérit Jessica.

Les garçons m'entraînent dans le grand escalier qui mène à nos chambres, à Corentin et à moi. Une fois devant ma porte, Corentin nous grimace un petit sourire et s'éloigne vers la sienne.

— Vous avez très peu de temps, je vous laisse, marmonne-t-il.

— Merci, Tintin…

— Ne me remercie pas. C'est naturel.

Le ton de Corentin est cassant. Ses mots sont polis, mais l'intonation est laborieuse. On dirait qu'il a une grenouille dans la gorge. Est-ce encore si difficile pour lui de me voir avec Lucien? On dirait bien…

Nous entrons dans la chambre que je partage avec Laura. Je m'assois sur mon lit et Lucien s'installe sur ma chaise de bureau qu'il fait rouler jusqu'à moi. Genoux contre genoux, nous entrelaçons nos doigts.

Son front touche le mien alors qu'il caresse ma paume de son pouce.

— Mon père ne veut rien entendre pour le Yémen, dis-je dans un souffle.

— Je m'y attendais, mais ça valait la peine d'essayer, dit-il. C'est sans doute mieux ainsi, Marie…

Si près de Lucien, alors que je croyais ne jamais le revoir, je suis en semi-transe, le cœur plein de papillons… Je voudrais rester ainsi durant des années, non, des siècles. J'aimerais oublier qu'il est une vedette de la musique pop dont la terre entière connaît le nom.

— Tu trouves ? De toute façon, c'est pas comme si je pouvais m'enfuir avec toi sans que mon père vienne me chercher et m'enferme dans ma chambre jusqu'à mes dix-huit ans.

— La dernière chose que je souhaite, c'est mettre la bisbille entre ton père et toi, Marie… Je ne veux que le meilleur pour toi.

— Je croirais entendre mon père…

— C'est un homme intelligent.

Nos fronts toujours collés, mes yeux sur nos doigts qui dansent les uns avec les autres, je sens qu'il fait non de la tête. Maintenant que Lucien est là devant moi, la pleine réalisation de l'impossibilité d'entreprendre ce voyage avec lui finit de faire son chemin dans mon cœur et dans ma tête. Une goutte d'eau atterrit sur le dessus de ma main. Je suis étonnée parce que mes larmes sont encore naissantes sous mes paupières. Serait-ce Lucien qui pleure ?

J'éloigne mon visage pour regarder le sien. Ses joues sont humides et ses yeux sont vitreux et rougis.

— Oh, pleure pas, Lucien..., dis-je en posant mes paumes sur sa mâchoire. Sinon, je vais brailler sans jamais pouvoir m'arrêter !

Avant cette visite au Québec, Lucien n'a jamais versé de larmes devant moi. Je ne l'en savais même pas capable. C'est encore plus poignant parce que ce n'est pas son genre de se rendre vulnérable et de le montrer.

Il couvre ma main de la sienne, l'emprisonnant entre sa joue et sa paume tiède.

— T'es la seule fille que j'ai aimée de toute ma vie, murmure-t-il. J'ai même rompu une promesse faite à mon meilleur ami de toujours pour toi.

Il fait référence à Corentin, je le sais depuis le début.

— J'ai jamais aimé personne autant que je t'aime, toi, Lucien. On trouvera bien une façon de se revoir.

Lucien se lève et porte son poing fermé à ses yeux en se retournant. Sa voix est encore plus étranglée lorsqu'il me tourne le dos.

— J'ai bien réfléchi depuis hier. Ce voyage n'est que le début de tous les projets que je veux accomplir. Je...

Il s'interrompt pour reprendre son souffle. Sa respiration est saccadée tellement il semble souffrir.

— Lucien, qu'est-ce que t'allais dire ?

— Il faut…

Il s'arrête encore et secoue la tête avant de regarder le plafond. Il cherche ses mots et il commence à sérieusement m'inquiéter.

— Il faut quoi, Lucien ?

Je suis encore sur le point de hurler, mais je me contiens.

— Il faut rompre, Marie…

À ces mots, je me lève si rapidement que Lucien sursaute.

— Tu veux encore me laisser tomber ?

Ça y est, maintenant, je pleure pour de vrai. Le robinet est ouvert, la maison va déborder !

— Non, jamais, Marie. J'essaie seulement de faire la bonne chose… pour toi, surtout.

— Non ! S'il te plaît ! Abandonne-moi pas encore une fois ! Je suis forte ! J'ai peut-être l'air d'une fille fragile, mais c'est pas le cas, tu vas voir. Je vais t'attendre, on communiquera par courriel et tu m'appelleras souvent pour me raconter tes aventures ! Ça va passer vite !

Je m'entends parler et je sonne comme une fille désespérée. Je le sais, mais c'est plus fort que moi. Je m'agrippe pour ne pas me noyer. Ça fait trop mal !

Lucien pivote pour me regarder. Les muscles de sa mâchoire sont si contractés que je peux les voir bouger sous sa peau.

— Je ne supporterai pas de savoir que tu m'attends et que je te blesse chaque fois que trop de jours passeront sans que je puisse te donner des nouvelles. Et rien qu'entendre ta voix sans pouvoir te voir sera trop difficile. Je ne peux pas vivre ça une autre fois, Marie.

— Alors rompre, c'est ta solution miracle, Lucien ? Je ne vois pas comment ça sera moins dur !

De longues secondes de silence passent avant que Lucien n'ouvre la bouche.

— Faisons ceci, dit-il en saisissant mes épaules et en me forçant à me lever.

— Quoi ? Faisons quoi ?

— Quelle date sommes-nous, aujourd'hui ? demande-t-il.

— Euh… le 23 janvier, dis-je sans comprendre.

— D'accord. Alors, donnons-nous rendez-vous le 23 janvier dans exactement deux ans. Peu importe ce qui se passera dans notre vie, si tu as un amoureux ou si je suis en concert, promettons-nous de nous retrouver avant minuit ce jour-là, propose-t-il avec énergie.

— Deux ans… ? Qu'est-ce que je suis censée faire durant tout ce temps ? T'attendre ?

Lucien serre les lèvres et secoue la tête.

— Non, Marie. Tu vivras ta vie, c'est tout. Si tu tombes amoureuse d'un autre…

Il s'arrête et prend une grande inspiration qu'il relâche lentement. Il semble souffrir autant que moi.

— Non ! Ça, c'est hors de question.

— Écoute-moi, Marie ! Ça peut arriver et ça va certainement se produire. C'est normal. Tu es belle, intelligente, douce, talentueuse… Et je suis au courant, au sujet de Maddox Buteau, souffle-t-il finalement. Ne dis rien ! Ça va. Mais s'il te fait du mal, il aura affaire à moi ! Je dois te libérer… Tu dois vivre ce que tu dois vivre.

— Lucien…

— Shhh…

— Tu vas sortir avec d'autres filles, alors ?

— Je ne crois pas, non. J'aurai pas le temps de toute façon. J'ai plusieurs projets. Il n'y a pas que le Yémen. Je vais voyager beaucoup.

Je ne suis pas assez naïve pour croire qu'il sera un moine durant deux longues années, mais j'accepte qu'il ne veuille pas me faire de peine pour rien.

— Alors, dis-je en retenant mon souffle, le cœur dans la gorge. On se retrouve où, dans deux ans ?

Chapitre 10

LAURAAAAAAAAA !

Il n'est pas encore 9 heures du matin que ma mère ouvre la porte de notre chambre sans cogner. En plus, elle le fait avec tellement de vigueur qu'elle l'envoie taper contre le mur dans un grand PAF ! qui me fait sursauter sous ma couette. Marie-Douce, elle, remue à peine dans son lit et continue de dormir comme une roche. On dirait bien que le collège la fatigue beaucoup !

— Han ? Qu'est-ce qui se passe ? Est-ce qu'il y a le feu quelque part ?

Ma mère s'approche de mon lit d'un pas alerte. La vue encore embrouillée, je tente de faire le focus sur son visage pour voir si elle est de bonne humeur ou si quelque chose de grave est arrivé. Elle ne sourit pas, mais ne pleure pas non plus. Alors, quoi ?

— Non, il y a pas le feu, mais tu dois te lever tout de suite, Laura.

— Pourquoooooi ? Je suis encore endormiiiiieeee !

Elle me brasse un peu avant de s'en retourner vers le couloir.

— Allez, hop !

— Est-ce que Marie-Douce doit se lever aussi ?

Ma mère fait non de la tête en plaçant l'index sur sa bouche comme pour me dire de ne pas parler trop fort afin de ne pas la réveiller. Je suis un peu jalouse. Elle peut dormir, elle. Il faut dire que c'est mieux comme ça parce que ma sœur a passé une bonne partie de la nuit à pleurer dans son oreiller. Je suis restée éveillée avec elle jusqu'à ce que mes yeux se ferment et que je sombre dans les bras de Morphée malgré moi. Lucien est parti hier soir.

Deux ans… Ils se sont donné rendez-vous dans vingt-quatre mois au sommet de la tour Eiffel. C'est quétaaaaiiine, mais si romantique ! J'ai fait le décompte et ça donne dix-sept mille cinq cent vingt heures. C'est fou ! J'ai beau tenter d'imaginer donner un pareil rendez-vous à Xavier, je n'y arrive tout simplement pas. Si j'étais à la place de Marie-Douce, je pleurerais dix-sept mille cinq cent vingt fois.

Elle n'aura vu Lucien que quelques heures depuis la fameuse lettre. Il l'aime vraiment et elle aussi… C'est une vraie tragédie !

— Laura ! Vite ! Debout !

Ma mère est à nouveau dans le cadre de la porte, les sourcils levés. Quand elle me fait cet air-là, je sais qu'elle perd patience. Obéissante (oui, ça m'arrive !), je me roule hors de mes couvertures chaudes pour laisser mes pieds nus toucher le plancher froid.

— OK… Okéééé !

Je constate l'air d'urgence sur son visage. Je me dépêche d'aller aux toilettes, de me lancer de l'eau au visage, de me brosser les dents rapidement et d'enfiler une robe de chambre par-dessus mon pyjama bleu garni de lapins blancs. C'est celle de Marie-Douce, mais ma sœur n'est pas du genre à s'énerver parce que je prends son linge. Et de toute façon, elle dort encore, ELLE. La chanceuse, tssss…

Dès mon arrivée dans la cuisine, je me tire un tabouret pour m'y asseoir, mettre mes coudes sur le comptoir et frotter mes paupières avec énergie. Mes cheveux semblent s'être battus avec ma brosse, mais je m'en fiche. Je suis censée être en train de dormir, là !

— Qu'est-ce que tu fais encore en pyjama ? demande ma mère avec empressement.

Je hausse les épaules mollement.

— Sais pas… mais je suis docile, regarde : je suis debout.

— T'es pas debout, t'es évachée sur le comptoir.

Ma mère a raison. J'ai étendu mon bras droit pour y coucher ma tête et fermer les yeux. Je me redresse pour faire la même manœuvre, mais avec l'autre bras.

Zzzzzz…

— LAURA ! Arrête de niaiser ! Je vais te faire un chocolat chaud et des œufs brouillés. Remonte t'habiller tout de suite !

— Mais pourquoi ?

— C'est une surprise.

— Une bonne surprise ?

— Je ne sais pas trop… Oui, je veux dire… Oui, c'est une bonne surprise, dit-elle.

— Et pour cette surprise, ça vaut la peine que j'aille m'habiller ?

— Oui !

— Est-ce que je dois me mettre belle ou juste m'habiller ?

— T'es toujours belle.

— Tu sais ce que je veux dire, maman. Ai-je besoin de mettre du mascara ?

S'affairant à sortir la boîte de carton contenant une douzaine d'œufs bruns et une tasse rouge pour mon chocolat chaud, ma mère soupire bruyamment.

— Jeans, chandail, bas... change de sous-vêtements. Je sais que tu as pris ta douche avant de dormir, t'as donc pas besoin de la reprendre. *Gooooooooooo !* Et brosse tes cheveux.

Les pieds encore traînants, je remonte dans ma chambre. Marie-Douce est réveillée, mais cernée jusqu'aux orteils. Le miroir me prouve que nous avons cette affliction en commun.

— Qu'est-ce qu'elle a, ta mère ? me demande ma sœur en s'habillant.

Elle a choisi un t-shirt gris et des jeans. J'allais faire la même chose, mais nous aurions l'air de jouer aux jumelles. Je pense que nous avons passé l'âge. Je prends donc un chandail blanc... que je change pour un noir. Les vêtements blancs, ça fait des ronds jaunes sous les bras à la longue quand je les porte trop souvent. Je préfère les garder pour les grandes occasions.

Mon cellulaire vibre sur ma table de chevet. Marie-Douce, qui en est plus rapprochée, y jette un coup d'œil.

— C'est ton… euh… Xavier.

— T'allais dire quoi ? Mon chum ou demi-frère ?

— J'allais dire ton amoureux. Peu importe ce qui arrive, c'est ça qu'il est, non ?

À cette pensée, mon menton se crispe et ma lèvre inférieure tremblote. Je dois prendre une longue inspiration pour ne pas éclater en sanglots. Marie-Douce lit très vite mon expression et se rue vers moi pour me prendre dans ses bras.

— Pleure pas, Laura. Je sais que c'est dur, mais tout va bien se passer…

— Tu ne peux pas savoir ça, mais merci d'essayer de me rassurer. Si je pouvais faire la même chose pour ton Lucien… euh… Marie-Douce, j'ai une question qui me chicote depuis la visite de Lucien, justement.

— Quelle question ? Tu sais que je n'ai rien à te cacher.

— Après ta crise initiale, t'as fini par sauter dans les bras de Lucien comme si vous n'aviez jamais cassé. Qu'est-ce qui arrive avec Maddox ? Je veux dire… euh… est-ce que c'était ton presque chum ? Ou quoi…

Les bras de Marie-Douce tombent le long de son corps comme si je venais de leur retirer toute leur force.

— Je ne sais pas. Maddox et moi, on n'a jamais dit qu'on s'aimait et on a encore moins officialisé quoi que ce soit. C'est mon ami. On a un lien fort, c'est difficile à expliquer. Il aurait pas été content de me voir avec Lucien, mais je ne lui dois rien.

— OK… Une chance que Xavier ne vous a pas vus ensemble, finalement, han ?

— Oui, c'était mieux comme ça. Je ne voudrais pas faire de peine à Maddox pour tout l'or du monde.

— LAURAAAAAAAAAAA ! fait soudain la voix de ma mère du rez-de-chaussée.

— OUIIIIIIII ! J'ARRIVEEEEEUH !

Marie-Douce me lance une paire de bas noirs boudinés (nous avons décidé de mêler nos vêtements pour simplifier la lessive. À part les sous-vêtements, nous portons n'importe quel morceau puisque nous avons la même taille) que j'attrape sans prendre le temps de les enfiler avant de descendre.

Chapitre 11

Cœur endolori

Lucien est parti hier soir. Nous avons passé près d'une heure collés l'un contre l'autre, dans ma chambre de la résidence des Cœur-de-Lion (chez mon père, on n'aurait jamais eu le droit !), moi assise sur ses genoux, la tête sur son épaule, mes doigts entrelacés aux siens, comme nous le faisions avant. Les souvenirs de nos jours plus heureux se sont ranimés dans ma mémoire. J'ai demandé à Lucien s'il se souvenait de la première fois qu'il m'avait vue, quand il avait trouvé mon nom bien comique.

— T'étais tellement arrogant, Azraël ! lui ai-je rappelé en mettant l'emphase sur son surnom ridicule.

— Et toi, tu étais simplement adorable.

— Adorable ? Tssss…

— Tu veux savoir ce qui m'a plu chez toi ? m'a demandé Lucien.

— Pas sûre de vouloir l'apprendre… Ça doit avoir un lien avec le fait que j'avais un accent ou, non… que j'étais super gênée !

— La première chose que j'ai remarquée, c'est ton port de tête.

— Mon quoi ?

— Les danseuses de ballet ont une façon de se tenir droites sans faire d'effort. C'est subtil et peu de gens peuvent le reconnaître. Moi, je vois ce genre de détail.

Je me suis redressée pour le dévisager.

— Euh… Alors, tu m'as pas trouvée *cute*? T'aimais juste la façon dont je tenais ma tête?

Lucien a éclaté de rire avant de m'embrasser pour la cinquantième fois en quelques heures.

— Je t'ai trouvée très mignonne. Mais c'était plus que ça. Il y avait quelque chose qui m'attirait. J'ai pourtant croisé plusieurs jolies filles dans ma vie… Mais toi, tu étais différente.

— Ah! Grâce à mon port de tête. Merci bien.

— Je constate que j'aurais jamais dû te dévoiler ce détail, a-t-il soupiré en riant doucement.

— Je vais m'en rappeler jusqu'à mes quatre-vingts ans.

Quelques instants plus tard, Jessica a annoncé qu'ils devaient partir. Ma mère a presque pleuré quand ils ont refermé la porte derrière eux, dans le hall d'entrée.

— Tu ne le reverras donc pas? Ton père a l'esprit si fermé! Je vais l'étriper! Les voyages, c'est la jeunesse! a-t-elle grogné.

— Miranda, est-ce que tu sais où c'est, le Yémen? lui a demandé Corentin.

— Pas loin de Dubaï! Et je suis allée à Dubaï, c'est un bel endroit! C'est environ la même distance qu'entre Vaudreuil-Dorion et Natashquan!

Corentin m'a lancé un regard las. Ma mère, quand elle veut quelque chose, ne voit que ce qu'elle veut voir. Même moi, j'ai fini par comprendre que le Yémen n'est pas une bonne destination de voyage par les temps qui courent.

— C'est pas comparable…

Corentin n'a pas pu terminer son explication ; ma mère avait déjà tourné les talons pour se servir un autre verre de vin.

Donc, ce matin, je me retrouve chez mon père. J'ai préféré revenir ici pour ne pas être seule. J'avais besoin de ma sœur après le départ de Lucien.

Laura vient de partir avec Nathalie qui semblait avoir quelque chose de pressant à faire avec elle. Ça m'attriste un peu qu'elles ne m'aient pas incluse dans leur activité, surtout que je pars ce soir pour le collège.

Pour mon pauvre cœur endolori, c'est mieux que je reparte au pensionnat. Là-bas, je n'ai pas de souvenirs de Lucien, tandis qu'ici et chez les Cœur-de-Lion, j'ai l'impression de le voir partout.

Deux ans… Comment vais-je faire pour simplement vivre comme s'il n'existait plus durant tout ce temps ? Le visage de Maddox me revient en tête. Ses yeux verts un peu tristes, son cœur aussi grand qu'une planète, sa force tranquille. Sa façon de me faire sentir importante et précieuse…

Arrrfff ! Je suis confuse !

Puis, je revois James, avec son attitude franchement monstrueuse, mais aussi intrigante. Wô ! Je ne vais pas me mettre à rêvasser à James Crown, tout de même. Yark ! Ce n'est pas une bonne personne.

D'ailleurs, à partir de demain matin, il me faudra l'éviter coûte que coûte. Si je le croise dans un couloir, je ferai demi-tour. Si je le vois à la cafétéria, j'irai manger mon repas dans le local d'étude que j'ai découvert par hasard la semaine dernière. S'il me suit, je marcherai plus vite. S'il me parle, je m'enfuirai !

Lentement, la tête ailleurs, je refais ma valise. Je n'ai rien d'autre à faire en attendant le retour de Laura.

Je vais en profiter pour lire un bon livre. Si j'arrive à me concentrer sans relire cent fois la même ligne…

Chapitre 12

Pow !

Ma mère saisit les clés de sa voiture et, d'un bip-bip rapide, déverrouille les portières. Je n'ai même pas eu le temps de finir ma rôtie au beurre d'arachide !

— Maman, veux-tu bien me dire ce qui se passe ?

Mais elle continue de se taire alors que nous passons devant la Cité-des-Jeunes sur l'avenue Saint-Charles pour, quelques minutes plus tard, traverser le pont Taschereau, qui mène à Pincourt.

— On va magasiner ?

Attentive à la route, ma mère tourne la tête vers la gauche pour exécuter un changement de voie et ainsi dépasser une caravane blanche trop lente à son goût.

— Maman ? Pourquoi est-ce que tu ne me réponds pas ?

— C'est une surprise… euh… pour ta fête !

Lorsque nous traversons Sainte-Anne-de-Bellevue, je ne comprends plus grand-chose. L'autoroute 20 peut mener à bien des endroits. Normalement, quand on va à Montréal, ma mère emprunte l'autoroute 40. C'est bien bizarre… Puis, encore plusieurs autres minutes plus tard, maman prend la sortie 48 et nous passons devant un Pharmaprix et un McDo. Très vite, nous entrons dans un quartier résidentiel et nous nous retrouvons sur la rue « Prairie Dr ».

— La rue Docteur Prairie ? C'est un drôle de nom…

— Prairie Drive, précise maman avec son accent anglais presque parfait.

Plusieurs grandes maisons sont alignées dans cette rue en forme de croissant. Les terrains ainsi que les toits des maisons sont recouverts d'une épaisse couche de neige et donnent l'impression de briller sous le soleil aveuglant. Un soleil froid de janvier. Quand j'étais petite, je croyais que le soleil avait différentes températures. Selon moi, lorsque la saison froide arrivait, la boule de feu accrochée au ciel devenait une boule de glace. Oui, j'avais ce genre d'imagination.

Lorsque ma mère finit par se garer devant une résidence de briques rouges, je sourcille.

— On est chez qui, là ?

— La mère de Martine.

— Han ! Pourquoi ?

— Tu vas voir.

— OK…

Dans ma tête, c'est la confusion totale. Pourquoi est-ce que ma mère me sortirait de mon lit tôt un dimanche matin pour m'entraîner chez la mère de Martine ?

Puis, probablement à cause du claquement de nos portières, la porte de la maison s'ouvre. Je vois d'abord la mère de Martine, que j'ai déjà croisée une ou deux fois, puis un homme aux cheveux presque noirs et aux épaules larges, grand comme un arbre. Il porte une barbe de plusieurs mois, le rendant presque méconnaissable. Malgré tout, c'est bien lui !

— Oh… mon Dieu ! Papa ?

Je suis si soulagée de le voir vivant et en un seul morceau que j'allais courir vers lui pour sauter dans ses bras, mais une autre voiture vient se garer près de la nôtre. La portière s'ouvre alors que le moteur fonctionne encore et claque avec force.

— Laura ! Bouge pas !

C'est Xavier qui vient d'arriver, suivi de Martine. Muette de surprise, je tourne mon attention vers ma mère, puis Martine, puis mon père qui se tient sur le perron en ciment, vêtu seulement d'un t-shirt noir malgré le froid sibérien. Je n'ai pas l'occasion de voir le visage de Xavier parce qu'il court déjà devant moi en ligne directe vers mon père. Sa posture rigide et son pas rapide ne me disent rien de bon. Mais c'est l'expression étonnée sur le visage de papa qui me donne le dernier indice. Jusqu'à ce que Xavier le fasse : d'un élan énergique, il envoie son poing sur la mâchoire de mon père !

— Xavier ! Nooon !

Trop tard, mon père, qui n'a pas vraiment bougé malgré le coup, a déjà empoigné les bras de Xavier, exécutant une prise si rapide que mon amoureux est rapidement couché au sol, sur le ventre. Il se débat, mais mon père le tient trop fort. Évidemment, ce dernier est un militaire d'expérience, alors un ado de quinze ans, aussi habile soit-il, n'est pas de taille contre lui.

— Lâche-moi !

— Papa ! Tu lui fais mal ! Laisse-le se relever.

Mon père me lance un regard noir qui s'adoucit rapidement.

— Je ne lui fais pas mal, Laura. J'attends juste qu'il se calme.

Très vite à genoux sur le ciment gelé, j'approche mon visage de celui de Xavier, rouge et crispé.

— Xavier… Rentrons, OK ? Ça ne sert à rien de se battre comme ça…

Mais il se débat encore et mon père l'immobilise de nouveau, plaçant son genou sur le dos de mon ami (chum ? demi-frère ?).

— Je vais me relever tranquillement, murmure mon père. Tu vas entrer dans la maison et on va parler, OK ? Je sais que t'as des questions importantes à me poser. Je vais te dire tout ce que tu veux savoir. Par contre, si tu me sautes dessus encore une fois, je ne promets pas d'être gentil. C'est clair ?

Xavier grommelle quelque chose que je ne décode pas.

— Qu'est-ce que t'as dit? demande mon père.

— J'ai dit OK! Lâche-moi!

Sans plus attendre, mon père retire son genou et se redresse en levant Xavier par le bras dans son ascension. Celui-ci fait un mouvement brusque pour se défaire de l'emprise de mon père et dès qu'ils ne sont plus en contact, je me rue sur Xavier qui referme ses bras sur moi.

— Pourquoi t'as fait ça?

Son manteau est plein de neige qui se colle à ma joue. Il ne me répond pas; il semble concentré sur mon père.

— Entrez en premier, intervient ma mère. Je vous suis.

Lorsque nous nous installons dans le salon et que tout le monde s'est un peu remis de ses émotions, papa fait signe à Xavier de le suivre. Je me lève aussi pour finalement serrer mon père dans mes bras.

— Je suis contente que tu sois en vie. J'ai tellement eu peur pour toi, papa!

— Je sais, ma grenouille. Ça devrait être ma dernière mission. Cette fois, c'est vrai.

— T'es sûr?

— Je ne peux jamais être certain, mais je doute d'y retourner. Tu m'as tellement manquée!

— Toi aussi…

Après de longues secondes de retrouvailles éprouvantes, mon père saisit mes épaules pour me regarder droit dans les yeux.

— Je dois parler à Xavier seul à seul, d'accord? C'est pas des secrets, t'en fais pas. C'est juste qu'on a besoin de quelques minutes après ce qui vient de se passer, dehors.

Je fais oui de la tête avec un sourire forcé avant de retourner vers le salon, là où la mère de Martine sert déjà du café à sa fille et à ma mère.

— Pourquoi est-ce que mon père était ici et non chez toi?

Je pose cette question à Martine qui dépose son café chaud sur la table.

— C'est plus près de l'hôpital qui le soigne, répond-elle.

— Il est blessé?

Martine grimace légèrement. Je sens qu'elle se retient pour ne pas montrer ses vraies émotions.

— Il a une brûlure à l'épaule gauche qui doit être soignée par des spécialistes et il a eu quelques côtes cassées. Mais ça, c'est juste le temps qui peut les soigner.

— Ouch! Ça veut dire que pour immobiliser Xavier, il a dû faire des mouvements qui lui ont fait mal?

— Je crois bien, mais ton père est particulièrement solide et depuis que je le connais, j'ai constaté qu'il ne ressent pas la douleur autant que nous.

— C'est vrai, ça, abonde ma mère.

Depuis que nous sommes entrés, maman se tient en retrait, discrète. Je pense que ça doit lui faire drôle de se retrouver chez la mère de la nouvelle femme de son ex. Cette scène est tellement bizarre !

— Je ne sais pas combien de fois je l'ai vu se blesser en pratiquant la boxe et plein d'autres sports et il continuait comme si de rien n'était, raconte-t-elle. Je suis certaine que son altercation avec Xavier ne l'a pas trop affecté.

— J'imagine qu'ils sont en train de parler de la possibilité qu'il soit son père, dis-je en changeant de sujet brusquement.

C'est LA question qui me rend vraiment nerveuse.

— Sûrement, dit Martine en regardant ailleurs.

Son évitement me met la puce à l'oreille.

— Martine, papa est arrivé au Québec depuis quand, exactement ?

Elle lance un regard intense à sa mère, qui l'encourage à me répondre.

— Quelques jours.

— Quelques jours ? dis-je, une octave plus haut. Alors, t'as eu le temps de lui poser notre question ! Tu sais déjà tout et tu ne me l'as pas dit ?

Les joues habituellement blanches de Martine se colorent de plaques rosées. Elle ouvre la bouche pour répondre, mais des voix fortes secouent la maison.

— T'aurais dû me laisser tranquille ! fait la voix énervée de Xavier.

— Je ne pouvais pas t'abandonner à ton sort, avec Élise, quand ton père est mort !

— Parlons-en de mon supposé père ! Tu l'as trahi ! Comment t'as pu faire une chose pareille ?

— Il était au courant depuis le début ! Il ne voulait pas faire de test ! Pour lui, tu étais son fils, peu importe ce qu'aurait dit ton ADN. Il t'aimait tellement…

— Et toi, t'as joué les héros parce que tu te sentais coupable ! l'accuse Xavier. T'as jamais voulu m'avoir chez toi !

L'un d'eux a dû ouvrir la porte de la pièce dans laquelle ils étaient enfermés parce que je peux maintenant entendre leurs paroles même s'ils parlent plus bas.

— J'ai pas joué les héros. J'étais heureux que tu viennes vivre avec nous !

— Ouais, ouais, c'est ça ! En tout cas ! On va bientôt savoir si tu t'es inquiété pour rien !

— Qu'est-ce que tu veux dire ?

— Laura et moi, on a une trousse de tests d'ADN. On va savoir la vérité une fois pour toutes !

Mon père ne répond pas et Xavier reprend très vite la parole :

— Il y a trois *kits* de test, dont un pour toi. Est-ce que tu vas le faire avec nous ?

— Si c'est ce que tu veux, oui.

Chapitre 13

Ça fait des flammèches !

La sonnette de la porte d'entrée me sort de ma lecture. C'est aussi bien, je n'arrivais pas à me concentrer. Je sais que mon père est en bas et qu'il est amplement en mesure d'aller voir qui est là, mais j'ai besoin de bouger et surtout, de me changer les idées. OK, au plus profond de mon être, j'espère un peu que c'est Lucien qui a fait volte-face juste pour venir me donner un dernier bec. Une fille peut rêver.

— C'est beau, papa ! Dérange-toi pas, je vais répondre.

Vêtue de mon pyjama le plus laid, c'est-à-dire des leggings noirs usés et troués et le t-shirt à l'effigie de Duran Duran de Laura, j'ouvre la porte avec un grand sourire. Sourire qui meurt aussi vite qu'il est né.

— Mais qu'est-ce que…

Les mains derrière le dos, vêtu d'un manteau noir et d'une tuque rouge, James Crown patiente sur le perron.

— Vas-tu me laisser entrer ? demande-t-il.

Je dois secouer la tête pour reprendre mes esprits. Avec un regard vers la rue et notre entrée, j'essaie de voir comment il est arrivé jusqu'ici, mais il n'y a aucune trace de limousine ni de voiture inconnue. Eh ben ! Il devait « savoir » que j'étais à la maison grâce à ses super pouvoirs magiques. Note à moi-même : vérifier dans toutes les plantes et abat-jour si des micros ou des caméras miniatures n'ont pas été installés pour m'espionner !

— Euh… Et si je disais non ?

James incline la tête, l'air incrédule. Ha ! Pense-t-il qu'il peut juste « apparaître » chez les gens comme ça ?

— Alors, je vais m'en aller, finit-il par dire, l'air impassible.

Mais il reste là à me fixer, sans bouger.

— Marie-Douce ! Ferme la pooorte ! On gèle jusque dans la cuisine ! fait mon père depuis l'autre côté du rez-de-chaussée.

— Excuse-moi, James, mais t'as entendu mon père. Je dois fermer la porte.

Et sans un mot de plus, je la ferme d'un élan de ma main avec un petit sourire narquois.

— C'était qui ? demande mon père.

— Oh, personne.

— Marie-Doooooouce…

— Un colporteur.

Mon père me fixe quelques secondes.

— Non, tu me caches quelque chose, dit-il en marchant vers la porte.

À mon étonnement, lorsque Papa ouvre, James est encore là, debout devant nous. Il n'a pas bronché durant ces deux longues minutes. A-t-il donc vraiment des écouteurs reliés à des micros cachés dans nos plantes ?

— Bonjour monsieur Bissonnette, dit-il. Je me présente : James Crown, un ami de votre fille. Elle m'a fait une de ces blagues qu'on se fait souvent au collège.

En vrai fils de politicien, il offre sa main droite et son meilleur sourire à mon père. À moi, il envoie un clin d'œil victorieux.

— Crown… es-tu le fils de…

— Reynald Crown, oui.

Figé sur place, mon père hésite. Pauvre lui, il n'est pas habitué à rencontrer des gens connus. Déjà, sa première rencontre avec Valentin Cœur-de-Lion l'avait un peu ébranlé. Ensuite Lucien… Mais lui, ça ne compte pas, il l'a connu avant sa célébrité. Cette fois-ci, c'est un peu plus délicat : je sais que papa déteste Reynald Crown et tout ce qu'il représente, surtout que ce dernier promet de rendre plus facile l'accès aux armes à feu, un peu comme aux États-Unis.

— Je ne suis pas mon père… se risque James.

À cela, papa cligne des yeux et se racle la gorge.

— Non, bien sûr. Entre. Marie-Douce, je vous laisse… euh… j'ai des euh… affaires à faire…

— Ce fut un plaisir de vous rencontrer, monsieur Bissonnette.

— Pour moi aussi.

Passant derrière James, mon père me fait de grands yeux avec une grimace presque comique.

— Bon ! Maintenant que t'as réussi à entrer chez moi, veux-tu boire quelque chose ?

— J'aimerais bien un verre d'eau, puisque ça vient du fond du cœur, dit James avec un sourire satisfait.

Il prend même l'initiative de retirer sa tuque, son manteau et ses bottes ! À croire qu'il pense avoir l'occasion de s'éterniser ! James sait très bien que je ne le considère pas comme un ami, pourtant. D'un geste un peu sec, je saisis ses affaires que je lance dans le fond de la garde-robe d'entrée sans prendre le temps de chercher un cintre.

— Euh... mon manteau vaut plus de mille dollars...

À ce commentaire, je le fixe en croisant les bras sans dire un mot.

— Mais c'est correct ! Pas de problème..., fait-il en se raclant la gorge.

— J'espère bien, dis-je en me frottant les mains de satisfaction, comme devant un travail bien accompli.

— Alors, ce verre d'eau...

— Ça s'en vient.

D'un pas vif, je me dirige vers la cuisine, contourne le comptoir et ouvre le robinet de l'évier en cherchant un verre.

— Euh... t'as pas de l'eau minérale... ou en bouteille ?

Sans lui répondre, je place le premier verre que je trouve sous l'eau pour le remplir à moitié.

— Non.

— OK… Pourquoi t'es fâchée de me voir? On était amis, vendredi…

— Tu me NIAISES? T'as toi-même dit qu'on l'était pas. Et je ne sais pas combien de fois je t'ai dit que tu m'énerves!

— T'as pas dit le mot « énerver » comme tel.

— Eh bien, je te le dis maintenant: tuuuuu m'ééééneeeeerrrrves.

La dernière fois que nous nous sommes parlé, nous étions à la cafétéria, il m'a sortie de la file d'attente, m'a forcée à m'asseoir, m'a apporté de la pizza et un Sprite et m'a avoué qu'il n'avait pas d'information concernant Daniel St-Amour. Ensuite, j'ai un peu deviné qu'il n'avait pas de vrais amis. Et il a clos la conversation subitement. Il semblait vraiment triste et ça m'a fait quelque chose, c'est vrai. Mais James n'est pas facile à apprécier, encore moins à aimer, et ce, même juste en amis!

— Ç'a l'avantage d'être clair.

J'allais en rajouter quand une silhouette s'est profilée à la fenêtre givrée de la porte d'entrée.

Ce nouveau visiteur ne cogne pas: Corentin entre sans faire de chichi.

— C'est quoi ce froid, non, mais! Je songe sérieusement à retourner à Paris! marmonne-t-il sans regarder ailleurs qu'à ses pieds alors qu'il retire ses bottes.

Décidément, ce matin, tout le monde se donne le mot pour atterrir chez moi. Il ne manque plus que Maddox ait la même idée !

— Corentin ! Qu'est-ce que tu fais ici ?

— Salut à toi aussi, Marie-Douce ! répond-il en se redressant. Je…

Le regard bleu de mon ami passe de James à moi, puis refait le chemin inverse.

— Qu'est-ce…

J'imagine que James sait déjà exactement qui est Corentin de la même façon qu'il connaît tous les autres détails de ma vie avant même de me les demander. Malgré cela, je fais l'effort de lui expliquer qui est le nouveau venu.

— Corentin, je te présente James Crown. James, Corentin est le fils du mari de ma mère.

À ces mots, l'expression de Corentin se transforme en quelque chose que je ne comprends pas. Son visage devient un masque de froidure.

— Le fils du mari de ta mère…, marmonne Corentin. Oui, c'est ça. Enchanté, James.

— Un autre de tes soupirants, douce Marie ?

— Douce Marie ? fait Corentin avec sarcasme, un sourire moqueur à la commissure des lèvres.

Je secoue la tête en cherchant une réponse, mais Corentin me devance :

— T'es au même collège que ma demi-sœur, James ? En quelle concentration ?

C'est la première fois que Corentin me désigne de cette façon. Il me fait un sourire plat, voulant dire : « le fils du mari de ta mère te rend la pareille ! »

— Arts dramatiques.

Corentin s'assoit dans un fauteuil alors que James, lui, se laisse choir sur le sofa.

— Ah, c'est *cool*. J'ai fait du théâtre quand je vivais à Paris, lui laisse-t-il savoir.

— C'est plus que juste du théâtre, rétorque James, franchement un peu hautain. C'est surtout du jeu devant caméra. Pour le cinéma, tu vois.

— Je vois très bien. Mon père est un acteur très connu, rétorque Corentin.

— Ah oui ? Comment s'appelle-t-il ?

— Valentin Cœur-de-Lion.

James regarde en l'air, puis vers la droite, feignant de chercher dans sa mémoire. Comme s'il ne savait pas déjà qui est le père de Corentin ! Du moins, je serais étonnée qu'il n'ait pas fait de recherches concernant le mari de ma mère. C'est tout à fait son genre.

— Oui… Je vois qui c'est. J'ai quelques-uns de ses films dans ma vieille collection de DVD. A-t-il travaillé dans un long-métrage récemment ?

— Dans un film américain tourné à Las Vegas, l'an dernier. Ça devrait paraître sous peu. Je ne me souviens pas du titre, mais je peux t'envoyer le lien de la bande-annonce dès qu'elle sortira, offre Corentin. Il a aussi d'autres projets, ici, à Montréal.

— Fantastique, fait James avec un petit regard amusé dans ma direction. Marie-Douce te donnera mon numéro, n'est-ce pas, douce Marie ?

Ignorant la question chargée d'ironie de James, je jette un regard suspicieux à Corentin.

— Euh, Corentin, pourquoi t'es ici, ce matin, exactement ? Certainement pas pour avoir cette discussion passionnante avec James ?

Je pose cette question avec la mâchoire serrée.

— Parce que tu ne répondais pas à mes textos. Le père de Laura est revenu.

— QUOI ? Et t'allais me dire ça QUAND, exactement ?

Corentin hausse les épaules, reportant son attention sur James. Il me cherche, décidément... il veut une claque.

— En arrivant, mais tu m'as interrompu pour me présenter en tant que le... c'était quoi déjà ? Ah oui, « le fils du mari de ta mère » ! Alors, j'essaie simplement d'être poli avec ton visiteur. Alors, James, as-tu déjà passé des auditions pour un rôle dans un film ? Je pourrais peut-être demander à mon père de t'aider un peu...

Ah, voilà ! Je lui ai fait de la peine. J'aurais dû dire qu'il était mon ami avant tout. J'ai manqué de tact. Pire, j'ai eu l'air de le dénigrer. Corentin est d'abord mon ami ! Un ami qui s'adonne à être le fils du mari de ma mère. Pas l'inverse !

— Sans façon, Corentin. J'ai vraiment tout ce qu'il me faut en fait d'aide. Mon père est un homme puissant.

— Puissant ? C'est vrai ? fait mine de s'étonner Corentin.

Mais ce qu'il est baveux aujourd'hui ! Qu'est-ce qui lui prend ? Il sait TRÈS bien qui est le père de James ! Tout le monde qui ne vit pas sous une roche depuis les derniers mois sait qui il est !

— Oui. Puissant.

Les deux imbéciles arrêtent de parler et m'envoient le même sourire. James est fier d'avoir tenu tête à mon « demi-frère » et Corentin me remet la monnaie de ma pièce pour l'avoir présenté d'une façon qu'il n'a pas appréciée. C'est beau, j'ai compris ! Il n'y a pas à dire, ces deux-là ensemble, ça fait des flammèches !

— Bon, bien, on dirait que vous êtes faits pour vous entendre, dis-je avec un sourire sarcastique, je monte pour appeler ma sœur. Je pense qu'elle a des choses à me raconter. Je vous laisse faire connaissance !

Sans attendre davantage, je monte l'escalier. Rendue en haut, je me plaque contre le mur sans toutefois m'approcher de ma chambre. D'ici, je pourrai entendre ce que ces rivaux instantanés se racontent.

Chapitre 14

Aucune certitude

Xavier s'approche de moi ; il est blanc comme un drap et ses yeux sont rouges. Sa bouche aux lèvres normalement pulpeuses n'est qu'une ligne au bas de son visage. Mon cœur s'arrête. Ma main plaquée sur ma bouche, je sens un long sanglot monter dans ma gorge. Xavier me rejoint et me serre contre lui.

— J'imagine que t'as tout entendu, murmure-t-il à mon oreille.

Posant mes mains sur sa poitrine, j'essaie de me défaire de son étreinte pour voir son visage. Ses traits sont tirés, remplis de douleur. Malgré tout, il tente de sourire, mais ne réussit pas et d'un geste brusque, il essuie ses paupières du revers de la main.

— Il est… Il a… Lui et Élise…

Avant que Xavier puisse répondre, la voix de mon père se fait entendre.

— Je suis désolé, Laura. J'aurais dû vous le dire. *Te* le dire. J'avais pas pensé que vous puissiez tomber amoureux l'un de l'autre…

Papa s'approche, ses mains levées vers moi, invitantes, mais je recule, ma paume plaquée sur ma bouche.

— Est-ce que tu sais quel enfer on vit depuis qu'on sait que t'es peut-être le père de Xavier ?

— Choisis tes mots, Laura. Tu ne connais pas l'enfer tant que t'es pas allée à la guerre, murmure mon père d'une voix cassée et rauque.

Il n'a pas tort et je me sens réellement mal. C'est vrai qu'il a vécu des choses extrêmement difficiles. Je suis soulagée qu'il soit vivant. Je l'aime, mon père, malgré tout !

— Papa… je ne sais pas comment me sentir, là. T'aurais pu mourir et je ne pense qu'à ma petite vie. Je suis horrible. Est-ce que tu souffres ? Martine m'a dit que t'avais une brûlure… Oh, mon Dieu, je pense que je capote un peu ! J'ai du mal à respirer !

— Martine ! Laura a besoin d'un sac ! Elle hyperventile encore, fait Xavier, alerté.

— Non ! C'est correct ! J'ai juste à me calmer, dis-je en saisissant la manche de son manteau.

— T'es sûre ?

— Oui, oui ! Certaine.

Mais Xavier ne lâche pas prise.

— Si dans dix secondes tu ne respires pas normalement, on va te donner un sac.

Tâchant de prendre une inspiration profonde, je ferme les yeux quelques instants. Je dois penser à quelque chose de relaxant, de calme… Des gaufres avec des fraises et de la crème fouettée… Ça, c'est délicieux, mais pas relaxant. Malgré tout, je me sens un peu mieux.

— C'est bon, j'en ai pas besoin, dis-je en redirigeant mon attention sur mon père.

Ses joues sont humides. Je n'ai pas souvent vu mon père pleurer et chaque fois, ça me met tout à l'envers.

— Viens ici.

Le cœur en compote, je m'approche et entoure son cou solide de mes bras en tâchant d'y aller délicatement, vu ses blessures. Le nez dans son t-shirt noir, je pleure sans retenue.

— Je te pensais mort… ou perdu pour toujours dans le fond d'une cave de bouette, attaché au mur avec des chaînes comme dans les films !

— Je suis là et je ne crois pas repartir un jour. J'aurai quelques cicatrices, mais tout est correct, t'inquiète pas pour moi.

— T'es sûr ?

— Oui, ma grenouille.

Je suis trop émue pour articuler un autre mot ; un long silence s'étire entre nous et mon père me berce doucement d'un côté à l'autre. Non loin de nous, ma mère nous observe, les yeux pleins de larmes.

— Est-ce que t'es vraiment le père de Xavier ? Parce que si tu l'es, j'hésite entre t'être reconnaissante de l'avoir créé et t'en vouloir d'en avoir fait mon demi-frère.

Mon père expire une grande bouffée d'air et se redresse en posant ses grandes mains sur mes épaules.

— J'ai toujours pensé l'être, dit-il. Je m'en doute depuis sa naissance.

— Mais est-ce que t'es CERTAIN d'être son père ?

Je ravale ma salive en posant cette question. Je le fixe avec l'espoir qu'il me dise non ! Puis, comme dans un film au ralenti, sa tête entame le mouvement qui me redonne un peu de vie.

— Non. Je n'en suis pas certain, finit-il par articuler.

Ses mots, bien qu'ils ne garantissent rien, me redonnent des ailes. Tout n'est pas encore perdu.

Chapitre 15

Espionnage

Cachée derrière le mur du corridor, juste en haut de l'escalier, je tends l'oreille avec beaucoup de concentration. Les premiers mots sont prononcés trop bas pour que je les décode, puis, au bout d'environ une minute, les gars haussent le ton.

— Tu la connais depuis longtemps, alors ? demande James.

Je ne perçois pas bien la réponse de Corentin, mais ce n'est pas très grave, je connais déjà cette réponse. Ça fera un an en avril qu'on se connaît. Nos parents s'étaient déjà mariés en cachette à Las Vegas en décembre ! Ç'a pris du temps avant qu'on l'apprenne. Longue histoire...

— Ouais, je savais qui elle était dès que je l'ai vue, dit soudain James. Je l'ai reconnue d'après les réseaux sociaux. La fameuse Cendrillon !

— Elle a détesté cet incident. Si j'étais toi, je ne lui en reparlerais pas.

— C'est vrai ? La plupart des filles adorent ce genre d'attention, pourtant !

— Pas Marie-Douce. Elle est pas comme les autres.

Puis, un silence s'installe entre eux. Ça, ou alors ils se sont mis à chuchoter. Je me sens un peu coupable de les espionner ainsi.

Dans ma chambre, je retrouve mon iPhone sur ma table de chevet. Corentin disait vrai, il m'a envoyé un grand nombre de textos. Ce que je lis me surprend : le père de Laura est au Québec ! Xavier a écrit à Corentin pour lui dire qu'en effet, selon Daniel St-Amour, il POURRAIT être son fils biologique ! C'est bizarre que Corentin ne m'en ait pas parlé dès son arrivée. Ça ne lui ressemble pas. Il faut croire que la présence de James l'a vraiment distrait !

— Noooooooooon ! ne puis-je m'empêcher de crier.

Il n'en faut pas davantage pour que Corentin et James apparaissent quelques secondes plus tard sur le seuil de ma chambre.

— Ah ! T'as lu mes textos, dit Corentin.

— C'est pas possible ! Dis-moi que Xavier se trompe !

— Pourquoi tu paniques autant ? demande James. C'est pas ton problème…

Au regard noir que je lui lance, James ravale sa salive.

— Quoi ? C'est vrai, insiste-t-il.

— C'est ma sœur et ce qu'elle vit est SUPER important pour moi, OK ? Et pourquoi tu t'en vas pas, hein ? Je ne me souviens pas de t'avoir invité à venir ici et encore moins à me donner ton opinion sur ce qui devrait me déranger ou pas !

— Je pense que tu devrais t'en aller, James, fait Corentin d'une voix amicale qui me surprend étant donné leur première conversation plutôt tendue. Ce qui se passe avec Laura et Xavier, ça ne te regarde pas et on va avoir besoin de les soutenir en famille.

Sans ajouter un seul mot, James serre les lèvres et recule pour sortir de la pièce, son visage dénué de toute émotion. Une fois James parti, je serre la main de Corentin.

— Merci, Corentin.

— De rien. Sois pas trop sévère avec James, il ne peut pas comprendre.

Exaspérée, je lui lance un regard de biais.

— On dirait que tu l'aimes pas mal, finalement, James Crown ! Au début, c'était le combat de coqs et là, vous semblez filer le parfait amour ! Est-ce que c'est ton nouveau *BFF* ?

— Mon meilleur ami, ça sera toujours Lucien. Il se trouve simplement que James et moi, on a des champs d'intérêt communs.

— Ah oui ? Comme être le fils d'un homme connu ?

Corentin agite la tête.

— C'est une particularité qui fait en sorte qu'on se comprend, en effet ! confirme-t-il en souriant. Mais c'est pas de ça que je parlais.

— Et tu parlais de quoi ?

— Toi ! On a toi en commun.

Je ravale ma salive avec difficulté et je ne pose pas d'autres questions.

Chapitre 16

Vomir ou ne pas vomir

Le vendredi suivant les retrouvailles avec mon père, ce dernier est enfin prêt à revenir vivre à la maison avec Martine, bébé Fred et Xavier. Pour célébrer l'occasion, Martine a insisté pour que nous mangions « en famille » ce soir.

— Je pense que je vais vomir.

Nous sommes dans l'autobus scolaire qui mène à Vaudreuil-sur-le-Lac. Je me suis faufilée en catimini tandis que le chauffeur fumait une dernière cigarette avant de s'installer sur son siège. Au mot « vomir », Xavier a déplacé sa main pour serrer mon poignet en guise de solidarité. Plus que jamais, depuis que mon père a confirmé avoir « été » avec Élise neuf mois avant la naissance de Xavier, nous n'osons plus nous toucher. Notre dernier câlin, c'était chez la mère de Martine, Nora. C'est d'ailleurs une dame charmante. C'est aussi la grand-mère de bébé Fred. Je l'avais rencontrée à quelques occasions, mais toujours rapidement.

— Tu ne vas pas vomir. Si tu le fais, alors je vais vomir aussi et, honnêtement, ça ne me tente pas du tout. Il faut se dire que c'est juste un souper avec ton père, Martine et ta demi-sœur.

— Et… mon quoi ? Toi, on t'appelle comment, par rapport à moi ?

— Le gars qui ne sait plus quoi te dire pour te calmer. Est-ce que tu respires bien ?

— Oui, je respire bien. Mais je vais respirer mieux quand on aura le résultat des tests d'ADN.

Dimanche dernier, après notre réunion émouvante et éprouvante avec papa, il est venu dans le Vieux-Vaudreuil et a fait le test avec nous. Nous avons posté le trousseau dès lundi, sur l'heure du lunch.

Autour de nous dans l'autobus jaune, les élèves sont soit dans leur bulle, avec leurs écouteurs collés aux tympans, soit ils entonnent la même toune depuis les quinze dernières minutes : *We Are the Champions*, de Queen. C'est très agaçant, mais pendant qu'ils sont occupés à chantonner les mauvaises paroles (« *We are the champignons, my peeeens ! And wheel can on putting fill the haaand* »), leur attention n'est pas rivée sur Xavier et moi, comme c'est le cas à l'école durant les pauses.

— T'es tellement nerveuse que je me dois de rester calme pour nous deux, dit-il.

— J'aurais juste aimé voir Marie-Douce, ce soir. Ça fait cinq jours que je l'ai pas vue !

— Tu la verras après le souper. Elle ne sera pas encore arrivée du collège quand tu retourneras chez ta mère.

Plaçant ma main sur celle avec laquelle il tient mon poignet, je serre ses doigts.

— J'aimerais vraiment qu'ils se taisent. J'ai mal à la tête…

Ne faisant ni une ni deux, Xavier se redresse autant qu'il le peut malgré le plafond bas de l'autobus et saisit les épaules de deux des chanteurs.

— Vos yeuuuules ! s'écrie-t-il.

Un silence instantané se crée et mon pauvre cerveau est soulagé.

— Est-ce que ça va mieux, là ? me demande-t-il en se rassoyant.

— Wow... le monde t'écoute, y a pas à dire !

Je suis un peu (très) fière de lui. Si moi, j'avais fait la même chose, je pense que les deux gars de secondaire 5 assis devant nous auraient chanté encore plus fort.

Chapitre 17

Cœur de pierre

Sans que je sache pourquoi, le trajet entre le collège de la Tourelle et la maison est un peu tendu. Papa conduit en silence depuis plus d'une heure. Assise côté passager, Nathalie semble nerveuse. Elle jacasse de tout et de rien depuis que mon père a mis la clé dans le contact, dans le stationnement du collège. Elle parle de la température, de la semaine que Laura a passée dans sa chambre à étudier très fort pour un test d'univers social (j'ai mon opinion là-dessus, mais je ne briserai pas son rêve de voir sa fille s'instruire avec tant de passion). Bref, Nathalie n'est pas elle-même.

James m'a ignorée toute la semaine. Il ne s'est pas présenté à la cafétéria pour un seul dîner. J'en étais à la fois soulagée et inquiète. Serait-ce possible que j'aie blessé le cœur de pierre de James Crown ? J'ai été directe et peut-être un peu méchante avec lui, mais ce n'était rien que ce gars qui se fiche de tout le monde ne puisse prendre !

N'est-ce pas ?

Zut. J'ai peut-être été un peu vexante.

Et puis, non ! Au pire, il aura goûté à sa propre médecine. Il n'est pas Monsieur Gentil-Gentil lui non plus.

Tssss ! Je suis tellement nulle quand il s'agit d'être insensible aux autres !

Fidèle à ses habitudes, Maddox n'était pas à la cafétéria non plus. J'ai mangé avec Vivianne et Clara, qui ne semblent plus avoir peur d'être « liées » à moi.

Victoria Robert m'a même souri quelques fois et n'a pas fait de commentaires lorsque j'ai été choisie pour faire la démonstration d'un bout de chorégraphie dans le cours de ballet. C'est un peu comme si je m'étais finalement installée avec un certain confort au collège de la Tourelle. Notre spectacle aura lieu dans moins d'un mois, et nous sommes tous très investis dans nos chorégraphies.

J'ai vu Maddox à deux occasions. La première, lorsqu'il m'a accrochée dans un des couloirs de l'école pour me saluer.

— Est-ce que Xavier va bien ? m'a-t-il demandé. Ses textos sont plutôt vagues.

— J'imagine qu'il survit. Ils ont posté les tests d'ADN lundi. Daniel l'a fait aussi.

— Ah oui ? Écoute, je suis tellement désolé que ma sœur se soit servie de ça pour faire du mal à Xavier et à Laura.

J'ai sourcillé.

— Maddox, est-ce que t'étais au courant de la possibilité que Xavier soit le fils biologique de Daniel ?

Mon ami a regardé ailleurs, puis, avec un faible sourire, a relevé ses yeux verts vers moi.

— T'as qu'à comparer Daniel et Xavier. C'est comme si Daniel était la version adulte et mature de Xavier ! Ils ont le même visage, la même carrure, la même force tranquille…

— Force tranquille ?

— Ouais, tu sais! Cette façon d'être en contrôle malgré les difficultés. Je ne sais pas trop comment l'expliquer. Quand on était plus jeunes, durant nos fugues, Xavier savait toujours quoi faire, à qui parler, qui éviter. Il avait déjà une grande assurance et n'avait qu'onze ans. Xavier et Daniel sont tous les deux des leaders. Stéphane Masson et mon père disaient toujours que Daniel St-Amour menait ses hommes d'une main de fer, mais pas avant d'avoir gagné leur entière confiance.

Oh! Voilà un indice sur la nature du travail mystérieux du père de Laura: il avait des hommes sous ses ordres. D'accord, ça ne révèle pas où il est allé pour cette dernière mission, mais c'est déjà quelque chose que ni Laura ni moi ne savions.

La deuxième fois que j'ai vu Maddox, c'est mercredi soir. J'ai un peu fait exprès. Ne l'ayant pas aperçu depuis deux jours, je me suis rendue jusqu'aux pièces du sous-sol pour le retrouver dans la salle des artistes peintres. Il était entièrement concentré sur son travail. D'où je me tenais, sur le seuil, je ne pouvais pas très bien voir son œuvre. Toutefois, les taches de vert, de bleu, de blanc et de gris sur sa palette de métal me laissaient deviner qu'il peignait peut-être un paysage, comme un ciel fâché sur une mer résiliente qui faisait valser ses vagues à tout vent. J'aurais aimé avoir ce genre de talent. Malheureusement, ce n'est pas ma force. Je n'ai pas osé le déranger et je suis repartie sur la pointe des pieds.

Encore une heure de route et nous arriverons dans le Vieux-Vaudreuil. J'ai hâte de revêtir mon pyjama rose et d'écouter Laura me raconter sa semaine.

Chapitre 18

Vie d'une famille dé~~re~~constituée

Le souper avec mon père, Martine, bébé Fred et Xavier était *weeeeeeird*! À la fois heureux de ravoir mon père parmi nous (et surtout soulagés qu'il soit encore en vie après avoir été porté disparu!) et inquiets des résultats des tests d'ADN, nous avons gardé la conversation à un niveau superficiel ultra-ennuyant.

— Alors, Laura, ça va bien à l'école? m'a demandé mon père.

Il voulait seulement briser le silence. Je déteste tellement le silence que j'ai sauté sur l'ouverture de conversation sans hésiter.

— Oui… À part le fait que tout le monde me dévisage partout où je vais et que je ne peux plus passer de temps avec Xavier… tout va très bien!

— Pourquoi est-ce qu'ils te dévisagent?

— Tout le monde sait qu'on est peut-être frère et sœur. On sortait ensemble pour de vrai, Daniel. On s'embrassait… a répondu Xavier.

Mon père a levé une main pour l'arrêter et, fourchette en l'air, Xavier a eu un sourire sarcastique.

— J'avais pas pensé à toutes ces répercussions, je suis désolé. Je pense que j'aurais dû te dire toute la vérité avant, Xavier.

— Tu penses?

Papa s'est raclé la gorge avant de répondre au sarcasme de Xavier. Visiblement, cette situation est difficile pour lui aussi. Je commence même à me demander s'il n'aurait pas parfois envie de retourner de l'autre côté de l'océan pour affronter les bombes et ainsi ne plus avoir Xavier sur le dos. Ce dernier est très menaçant quand il est fâché. J'en sais quelque chose.

— J'allais le faire, quand on s'est parlé en vidéo *chat,* mais la bombe qui a éclaté a coupé la conversation.

— T'avais essayé de me dire de pas toucher à ta fille, lui rappelle Xavier. Mais t'as pas été clair.

— Les gars, je pense qu'avant de parler de la relation entre Xavier et Laura, vous feriez mieux d'attendre les résultats des tests d'ADN. Qui veut une autre part de pâté chinois ? a demandé Martine.

— Moi ! ont dit mon père et Xavier en même temps et sur le même ton.

Cet incident pourtant nono a provoqué un silence soudain dans la salle à manger. Seule Fred, avec ses petites mains, tapotait la table en babillant. Elle a déjà dix mois et mademoiselle s'assoit à table avec nous sur son siège d'appoint, désormais. Elle ne marche pas encore, mais se tient debout et passe de meuble en meuble sans difficulté. Elle est forte et rapide pour son âge. J'ai bien l'impression qu'elle sera plus précoce que je ne l'ai été !

— J'ai plus faim, finalement, a dit Xavier en déposant sa fourchette dans son assiette.

Nous avons tous débarrassé la table et nettoyé la cuisine en silence. J'ai demandé à papa de me conduire chez ma mère. J'avais un trop gros sanglot dans la gorge pour rester là. Trop de signes nous font croire que Xavier est le fils de papa. C'est rendu si évident qu'on a du mal à en parler.

Xavier ne nous a pas accompagnés. Il ne m'a même pas vraiment saluée avant mon départ. Un petit signe de tête et hop, il est allé s'enfermer dans sa chambre. Il le sentait, lui aussi, que les indices commençaient à trop s'incliner vers la « mauvaise » réponse.

En même temps, si ce n'était de ma place dans le cœur de Xavier, le fait que Daniel soit son père biologique serait une nouvelle extraordinaire. Il aurait enfin une vraie famille, unie. Martine l'adore et pour bébé Fred, il est déjà son grand frère. C'est un peu comme si j'étais le pion de trop dans le jeu.

Xavier, je l'aime tellement que je lui souhaite la vie stable, aimante et bien organisée que Martine et mon père peuvent désormais lui offrir… si ce dernier ne repart pas en mission, évidemment.

Dans la voiture, c'était la première fois que je me retrouvais seule avec mon père depuis son retour. Nous avons roulé en silence de longues minutes. Puis, passant devant le McDonald, j'ai pensé à Xavier qui y nettoyait les planchers pour pouvoir nous offrir la fameuse trousse. J'en ai ri tout bas.

— Qu'est-ce qu'il y a de drôle ?

— Xavier s'est fait engager au McDo pour moi. Parce que la trousse de tests d'ADN était chère.

Mon père est resté muet, perdu dans ses pensées.

— Papa… au fond de toi-même, est-ce que tu espères que Xavier soit ton fils ?

Une main sur le volant, il a posé l'autre sur sa bouche comme pour réfléchir à ce qu'il devait me répondre.

— Si c'était pas de votre relation, oui. Absolument.

Puis, la lèvre inférieure tremblante, j'ai posé l'autre question, celle qui tue, même si ça me cassait le cœur en deux de le faire.

— Et, selon tout ce que tu sais, ce que tu vois, ce que tu as vécu avec Élise, selon tout, tout, tout ce que tu peux deviner… Si tu avais à gager, mettons mille dollars, sur la réponse, est-ce que tu parierais que Xavier est ton fils ?

Chapitre 19

Gagnant-gagnant

Laura rentre en pleurant. Elle retire son manteau violet, ses cache-oreilles et son foulard mauves en reniflant. Même Trucker semble comprendre que quelque chose ne tourne pas rond. Malgré sa santé qui décline depuis les derniers mois, il se lève pour glisser sa grosse tête sous la paume de ma sœur qui le caresse avec attention quelques secondes. Lorsqu'elle m'aperçoit sur la dernière marche de l'escalier menant à notre chambre, elle sourit à travers ses larmes. Je vois qu'elle se force et mon cœur se serre. Très vite, je descends et je cours vers elle pour la prendre dans mes bras.

— Papa est convaincu que Xavier est son fils, souffle-t-elle dans mon cou.

— Monte dans notre chambre. Je vais chercher du chocolat; ta mère a une nouvelle cachette pour ses mini-barres Caramilk, je l'ai découverte tantôt.

— J'ai pas faim…

— Pas grave. Monte, j'arrive. On va te changer les idées.

Je n'ai pas que des Caramilk, j'ai aussi des réglisses rouges. Laura ne pourra pas résister. Si Daniel vient de lui confirmer qu'il est convaincu que Xavier est son demi-frère, il faudra trouver un autre sujet de conversation!

Lorsque j'entre dans notre chambre, Laura est couchée à plat ventre sur son lit, appuyée sur ses coudes, et elle pianote sur son iPhone.

— Je me suis ouvert un compte Instagram, dit-elle.

— Ah oui ? T'as mis quoi comme publications ?

— Rien encore… Je me suis abonnée à ceux de Samantha et Constance, mais leurs *posts* sont un peu plates. Crée-toi donc un compte, Marie-Douce. Me semble que t'aurais plus de choses *cool* à *poster*.

— Peut-être demain, je verrai. Mais Laura, parlant de Samantha…

Je n'ai pas à en dire davantage qu'elle soupire bruyamment en roulant les yeux. Elle se repositionne pour s'asseoir en Indien au milieu de son lit et jette son iPhone sur son oreiller. Sans hésiter, elle prend une mini Caramilk dans le plat que je viens de déposer sur la table de chevet, en retire l'emballage et l'engouffre tout entière dans sa bouche.

— J'ai été capable de l'éviter jusqu'à mardi.

— Et…

— Ben, tu la connais. À la première pause, elle s'est plantée devant moi, les bras croisés sur la poitrine en tapant du pied.

— Eeeeet…

— J'ai rendez-vous avec elle au McDo à 11 heures demain matin, soupire Laura en laissant tomber ses épaules, découragée. J'ai comme acheté du temps en lui disant qu'on en parlerait quatre jours plus tard. Je sais, j'ai été poche… J'ai tellement pas la tête à ça, t'as pas idée.

— C’est sûr que pour Samantha, ç’a dû être les quatre plus longs jours de sa vie, mais je suis fière de toi, Laura. C’est important de bien faire les choses avec elle. Samantha est une amie qui sera dans nos vies encore longtemps.

— Je vais gérer ça du mieux que je peux pour ne pas trop lui faire de peine. Je pense aussi à Samuel. C’est sa jumelle. J’ai déjà suffisamment blessé les Desjardins, je crois.

— Samuel et Samantha sont deux personnes totalement différentes, dis-je en posant une main sur son genou. Mais c’est gentil à toi de prendre ça en considération.

Ma sœur se laisse tomber sur le matelas, les mains plaquées sur le front.

— Aaaaaaargh ! Il me semble que j’ai tellement d’autres problèmes, présentement ! J’avais pas besoin de « l’amour » de Samantha !

— Dis-toi qu’il y a du monde qui ne se font jamais aimer ! dis-je dans une piètre tentative d’alléger son fardeau.

— Ouais… eh bien, parfois, j’aimerais être invisible. Tu commences à déteindre sur moi, Marie-Douce-qui-ne-veut-jamais-le-*spotlight*.

— Maintenant, tu me comprends mieux, hein ? Il ne te manque plus qu’une attaque à la Miranda, avec Georges et Biche qui changent toute ton apparence !

— Non, ça, j'aimerais bien trop. Me faire poupouner comme une princesse ? Veux-tu rire de moi ? C'est *Yeeeeeeeeeeeessssssssss* ! Je suis prête pour mon kidnapping n'importe quand !

Tiens, tiens, je n'avais jamais pensé que Laura aimerait tant se faire prendre en charge par ces trois maniaques de beauté. Je prends ça en note. Ça donnerait un beau projet à Miranda.

Et quand Miranda est occupée, elle essaie moins de s'ingérer dans ma vie. Ça serait gagnant-gagnant !

Chapitre 20

Et vlan dans les dents !

Ce matin, c'est le grand rendez-vous avec Samantha. D'un pas rapide, mais prudent à cause des plaques de glace qui recouvrent la rue et les trottoirs, je me rends au McDonald qui se trouve sur l'avenue Saint-Charles. Il ne fait pas trop froid, un petit -10 °C facile à endurer quand on s'habille en conséquence. D'habitude, je déteste porter une tuque parce que mes cheveux sont vraiment dégueulasses quand je la retire. Or, aujourd'hui, c'est le moindre de mes soucis. Vaux mieux des cheveux plats remplis d'électricité statique que des oreilles si gelées qu'elles tomberaient en morceaux.

J'arrive au McDonald, et dès que j'ouvre la porte vitrée, la première personne que je vois, c'est Xavier. Ma poitrine se serre. Une grande tristesse m'envahit des pieds à la tête. Je dois me contenir. C'était une bien mauvaise idée de donner rendez-vous à Samantha dans ce restaurant. Je dois être honnête, je savais que Xavier serait ici et je n'ai pas pu m'empêcher de me rapprocher de lui, même si ça fait mal.

Je n'ai pas encore révélé à Xavier que Samantha était l'auteure des lettres d'amour anonymes que je recevais régulièrement. Ce n'est pas que j'ai voulu lui cacher cette information ; nous n'avons simplement pas eu le temps d'en reparler. Pauvre Samantha ! Si elle savait à quel point elle est loin dans ma liste de priorités, elle serait vexée. Je le serais à moins.

Il ne m'a pas encore vue parce qu'il discute avec une autre employée. Elle semble avoir notre âge. Elle porte l'uniforme du restaurant et elle est coiffée d'un chignon recouvert d'un mince filet de cuisinier. Xavier est de profil et si je me fie à la façon dont il serre la mâchoire et pointe un index sévère sur la fille, il ne semble pas content du tout.

Qui est-elle et pourquoi Xavier est-il hors de lui à ce point ? Puis, elle se retourne pour se diriger derrière le comptoir. C'est là que je la reconnais. La tristesse qui venait d'envahir mon ventre se transforme en autre chose : de la colère. Cette sorcière ne lâchera-t-elle donc jamais prise ? Elle veut sortir avec Xavier et n'a que cette idée en tête. Alexandrine Dumais travaille au même endroit que Xavier. Je ne devrais même pas être surprise.

— Laura ?

Je sursaute lorsque Samantha pose une main sur mon épaule. J'étais tellement concentrée sur la présence choquante d'Alexandrine que je n'ai pas vu Samantha arriver (à vrai dire, je l'avais presque oubliée).

— Ah… Salut.

— Il y a de la place là-bas, dit-elle en pointant un coin tranquille du restaurant. Je vais commander mon trio Big Mac. Est-ce que tu en veux un ? C'est ma traite !

Malgré la boule de feu coincée dans ma gorge, mon ventre crie famine. Mais jamais au grand jamais je ne laisserai Samantha payer mon dîner. Ça serait lui envoyer le mauvais message. Je ne veux rien lui devoir. Je la suis donc vers une des caisses pour passer ma commande. Heureusement, Alexandrine n'est plus là. De toute façon, elle doit être en formation. Ils lui font probablement regarder des vidéos sur la façon d'emballer un MacPoulet à l'heure qu'il est. Xavier m'a raconté en avoir visionné durant des heures.

Mais c'était sous-estimer la sorcière. Apparue de nulle part, elle intervient auprès du jeune homme qui allait prendre la commande de Samantha pour le remplacer.

— Allô, les filles ! Vous voulez quoi ? dit-elle avec un grand sourire.

— Euh… t'es pas en formation, ou quelque chose…

Inclinant la tête vers son épaule droite, Alexandrine me fait un grand sourire plein de dents blanches.

— Je ne suis pas nouvelle. Je travaillais à l'autre McDo, celui sur le boulevard Harwood. Mais ma mère était tannée de me voiturer, alors j'ai demandé à travailler ici. C'est plus près de chez moi. Alors, tu veux un trio numéro un ?

Cette fille est désopilante. Elle me parle comme si de rien n'était. Comme si elle et Kim Buteau n'avaient pas lancé une bombe atomique sur ma vie.

— J'ai pu faim. Samantha, vas-y.

Cette dernière, complètement inconsciente de la tension entre Alex et moi, ou simplement reconnaissante envers Alex d'avoir tout fait pour me séparer de Xavier, sautille vers le comptoir.

— Salut, Alex, dit-elle comme si elles étaient de vieilles amies. Je vais prendre un trio Big Mac avec un Pepsi pas diète et un chausson aux cerises s'il te plaît.

— Tu devrais peut-être laisser faire le chausson, dit Alex sans délicatesse en la détaillant de bas en haut.

— Hé ! Tu te prends pour qui, Alexandrine Dumais ? dis-je avec colère. C'est ta cliente et elle va prendre ce qu'elle veut, OK !

Alex lève les mains en secouant la tête, totalement insensible à mes mots.

— Pas de panique, Monique ! Je disais ça pour l'aider ! T'sais… elle a du poids à perdre !

— Et toi, t'as zéro tact !

J'ai dû parler fort parce que Xavier vient de s'approcher de notre petit groupe. Les bras croisés sur la poitrine, c'est Alexandrine qu'il fixe avec son regard tranchant comme une lame bien effilée.

— As-tu fini d'écœurer ma blonde ?

Sa blonde… Ça fait tellement longtemps qu'il n'a pas utilisé ce mot pour me désigner. Je pourrais me laisser attendrir, mais selon toute vraisemblance, et selon mon père, Xavier a plus de chances d'être son fils que le contraire.

— Ta blonde? répète Alex avec un petit sourire en coin.

— Oui. Ma. Blonde. OK?

— Xavier… C'est correct, faisons pas une scène ici, s'il te plaît…

— Y a rien de correct quand cette folle-là s'en prend à toi!

— En fait, le corrige Alex, je ne m'en suis pas prise à ta précieuse Laura, mais à Samantha que j'ai simplement voulu aider à maigrir un peu.

Là, c'en est trop. Je connais Alexandrine; elle s'amuse à nos dépens et elle sait exactement quoi dire pour déclencher la colère des gens. Ce que je ne comprends pas, surtout venant d'une fille supposément intelligente, c'est pourquoi elle s'arrange pour que Xavier la déteste. Son souhait le plus cher n'est-il pas de le séduire? Non. Je ne comprends vraiment pas. Et je dois m'éloigner de son venin, TOUT DE SUITE.

— Okéééé! Je vais m'asseoir à une table loin, loin d'ici! dis-je vivement. Samantha, je serai dans le coin, là-bas, OK?

— Tu peux y aller, Samantha, je vais t'apporter ta bouffe, dit Xavier.

— Oh, merci!

— T’as pas des planchers à laver, Xavier? demande Alex. Me semble que le service aux tables, c’est pas dans les pratiques du McDo!

— Ta gueule, Alex.

J’étais déjà à plusieurs pas du comptoir, mais j’ai pu entendre la dernière phrase que Xavier a lancée à Alexandrine. Et vlan! dans les dents, la sorcière!

Chapitre 21

Misère !

Mais, mais, mais… Aurais-je enfin une journée tranquille, sans drame, sans problème, sans cours de danse, sans corvée à faire ? Juste moi et mon livre, ça n'arrive pas souvent. Tout sourire, je descends à la cuisine pour aller chercher quelques victuailles. Ce faisant, je croise papa qui semble concentré sur quelque chose. Il est debout devant la fenêtre du salon et marmonne.

— Papa ? M'as-tu parlé ? J'ai pas compris…

Sans se retourner, il me fait un signe de la main.

— Non, non ! Je me parlais à moi-même.

Ce disant, il se frotte le menton et se penche pour s'approcher de la vitre.

— Veux-tu tes jumelles ? dis-je pour le taquiner.

— Oui, peux-tu me les passer, s'il te plaît ? Elles sont sur la dernière tablette du buffet.

— Voyons, papa ! Je niaisais ! C'est pas vraiment la saison pour observer les oiseaux !

Mon père aime l'ornithologie. C'est la raison pour laquelle il s'est procuré des lunettes d'approche. Sauf que là… en plein cœur de l'hiver, même les moineaux se cachent. Mais je lui apporte quand même l'objet qu'il me demande. Je le fais rapidement parce que j'ai hâte de faire ma razzia dans la cuisine pour retourner dans ma chambre et profiter de mon moment juste à moi avec mon livre.

Reste-t-il des petites barres Caramilk tout au fond de l'armoire ? Nah… je pense que Nathalie sera déçue s'il lui en manque. Les réglisses rouges sont encore là et elles me regardent comme pour me dire : « Allez, tu sais que tu nous aimes ! » Ah ! Je suis bien docile, quand les réglisses me parlent. J'ouvre le sac transparent et en tire quelques-unes. Ensuite, j'ouvre le frigo en priant pour qu'il reste une canette de boisson gazeuse. N'importe quelle sorte fera mon affaire. Du Ginger Ale ? OK, je ne suis pas difficile. Tant que ça pétille et que ça goûte le sucre. À mon magot, j'ajoute une pomme bonbon. C'est ainsi que j'appelle les pommes jaunes depuis que je suis toute petite. Je pense que mon père a trouvé cette appellation pour me faire aimer ces fruits. Bref, c'est resté.

Maintenant bien ravitaillée, je remonte les marches deux par deux. Zut, voilà mon cellulaire qui se fait entendre depuis ma chambre. Je suis franchement un peu agacée. Pour une fois que j'avais du temps pour moi… Sans Vivianne et ses copines, sans mes parents, et même sans Laura ! J'adore ma sœur, mais des fois, j'aime aussi être seule.

Lorsque j'atteins la porte, mon cellulaire sonne encore. Note à moi-même : programmer des sonneries différentes pour chaque personne de mon entourage. Comme ça, je saurai de loin qui m'appelle.

Après avoir lancé mon butin sur mon lit et déposé ma canette sur ma table de chevet, je saisis l'appareil qui crie encore. C'est un numéro inconnu. Double zut. Maintenant vraiment agacée, je suis prise de l'envie

de fermer mon téléphone sans répondre, mais j
ravise à la dernière seconde. Ça pourrait être Lu
qui a changé d'idée et qui a décidé de tout lâcher po
venir vivre à Vaudreuil-Dorion !

Tssss, Marie-Douce, t'es conne, des fois !

— Allô ?

— Marie-Douce ?

Je connais cette voix… mais pas au téléphone.

— Oui… qui parle ?

— C'est Maddox.

Un coup de bonheur me frappe le cœur.

— Maddox ! T'es où ?

— Je suis devant chez toi. En fait, plutôt devant chez ton voisin, maintenant. Ton père est à la fenêtre avec des jumelles.

Aaaaaaah ! J'aurais dû y penser ! Papa ne guettait pas les oiseaux en général. Il surveillait un seul moineau : le mystérieux visiteur de sa remise.

— Maddox, je pense qu'il va falloir expliquer l'histoire du cabanon à mon père. Sinon tu ne pourras jamais entrer chez moi.

Un silence se fait au bout de la ligne. J'entends pourtant une voiture passer, la communication n'est donc pas coupée. C'est Maddox qui évite de répondre.

— Maddox ? T'es là ?

— Oui. OK. Je vais sonner à la porte. On verra ce qui arrivera ! Bye !

aisse-moi lui expliquer

raiment raccroché !

couloir, puis je me rends compte ore en pyjama et que mes cheveux s dans un chignon désordonné, mais pas comme dans les magazines, non madame ! ment laid ! Laid comme dans le genre « j'ai eu peur quand j'ai croisé mon reflet avant d'aller razzier la cuisine ».

DING DONG !

Misère ! ! !

Chapitre 22

Une discussion délicate

Samantha semble nerveuse. Je la comprends un peu. Je le suis moi aussi, pour être honnête. Ce n'est pas tous les jours que je dois dire à une vieille amie que je connais depuis le primaire que je ne peux pas lui retourner ses sentiments amoureux. Heureusement, malgré l'heure fort mal choisie pour être tranquilles, nous avons trouvé un petit coin du McDonald qui n'est pas trop envahi. Le seul spectateur assez près pour entendre notre conversation est un jeune homme qui mange seul à sa table avec ses écouteurs aux oreilles. Et je peux si bien entendre sa musique que je devine qu'il s'agit de Metallicanne.

— J'ai trop faim… j'ai trop faim… j'ai trop faim…, ne cesse de répéter Samantha.

— Ça s'en vient, dis-je doucement. Un peu de patience.

— Je suis un peu nerveuse, me confie-t-elle soudainement. Est-ce que tu te rends compte que c'est la première fois depuis je ne sais pas combien de temps qu'on se retrouve seules, toutes les deux ?

— C'est vrai, dis-je en fouillant dans ma mémoire. Constance est toujours avec nous et avant, il y avait aussi Samuel.

Dès que je prononce le prénom de son jumeau, Samantha me fait un drôle d'air.

— Est-ce que tu regrettes d'avoir laissé mon frère, des fois ? Vu que… euh… Xavier, ben, tu sais…

— Je vais toujours garder une place dans mon cœur pour Samuel. J'ai hâte qu'on puisse redevenir amis, mais il est pas prêt pour ça. Je pense que je lui ai fait pas mal de peine.

— Oh, oui ! Il a braillé durant des jours. On devait lui apporter ses repas dans sa chambre parce qu'il refusait d'en sortir et il ne mangeait même pas. Oups ! J'étais pas censée te dire ça ! s'exclame-t-elle en se couvrant la bouche de la main.

Les propos de Samantha me brisent le cœur. J'avais conscience que Samuel avait eu de la peine, mais je ne savais pas qu'il s'était isolé dans sa chambre pour pleurer aussi longtemps.

— C'est correct, dis-je doucement. Je ne lui répéterai pas ce que tu m'as dit.

Je regarde Samantha à la dérobée. Elle s'est mise en frais pour notre rendez-vous. Ses cheveux roux, normalement un peu fous et crépus, ont été lissés au fer plat. Est-ce là l'œuvre de Constance ? Je n'en serais pas étonnée. Je n'ai jamais vu Samantha se donner du mal pour améliorer son apparence. Elle porte aussi une touche de mascara alors qu'elle laisse toujours ses cils presque blonds respirer librement.

Au bout d'un bon quart d'heure interminable, Xavier s'approche de nous avec le plateau de mon amie. En le déposant devant elle, il me lance un regard interrogateur. Vraisemblablement, il trouve bizarre que je vienne manger (sans manger) au McDo seule avec Samantha. « Je t'expliquerai plus tard », dis-je en mimant les mots avec les lèvres. Xavier me fait un signe de tête me confirmant qu'il a compris. Il serre mon épaule d'une main avant de s'éloigner vers son immense seau sur roulettes. Il est encore de corvée de lavage de planchers, à ce que je vois. Il m'a dit qu'il continuerait à travailler pendant encore quelques semaines.

— Faire de l'argent, c'est pas désagréable, finalement, m'a-t-il dit quand je lui ai demandé s'il resterait au McDo même si on a eu la trousse gratuitement.

Samantha n'avale pas son repas, elle le dévore. Cette fille est capable de manger un Big Mac en quatre bouchées. Et les frites, c'est à coup de cinq à la fois. Si son jumeau déteste le ketchup, ce n'est pas le cas de Samantha. Avant de consommer ses frites, elle les noie dans la substance rouge. Lorsqu'elle n'a plus rien devant elle que les serviettes qui lui ont servi à essuyer ses mains maculées de sel et de ketchup, elle finit par me regarder.

— J'étais contente que tu m'invites pour une *date*, dit-elle. Je pensais que t'allais te moquer de moi.

Lentement, et par les narines pour que ça ne paraisse pas trop, je me vide de mon air.

Oh, boy…

Ouppellaille !

Arrfff !

Eh ! Mon doux Seigneur, que lui dire ?

Et surtout, comment ?

— Euh, Samantha… Tu sais que je sors avec Xavier, han…

— Ton demi-frère ? Voyons, Laura, tout le monde sait que vous devez casser ! D'ailleurs, y a déjà une file d'attente pour sortir avec Xavier. Je suis contente de ne pas en faire partie !

Hein ? Une file d'attente ?

— De un, on va recevoir les résultats du test d'ADN bientôt pour savoir la vérité à ce sujet. De deux, tant qu'on n'a pas cette réponse, on est encore ensemble…

— Tu frenches ton frère ? demande-t-elle avec une grimace.

— Arrête de dire que c'est mon frère. On ne le sait pas encore, OK ? Et non, on s'embrasse plus depuis que la rumeur a éclaté. Écoute, Samantha, concernant tes lettres…

— Oui ?

C'était quoi les mots que Marie-Douce m'a suggéré d'utiliser déjà ? Ah oui…

— Je suis très flattée… même honorée que t'aies une si haute opinion de moi. Tu es une fille sensationnelle, j'espère que tu le sais.

— Ça sonne comme un rejet, toutes tes belles phrases, murmure Samantha sans me regarder. J'imagine que je devais m'y attendre.

Ses joues rousselées se couvrent de plaques rouges, son cou aussi. Elle a un morceau de laitue collé au coin des lèvres qui m'énerve depuis qu'elle a terminé son Big Mac, mais je n'ose pas lui en parler. Ça serait un peu insensible de ma part.

— Mais, Samantha… Je ne suis pas… euh…

— Gaie ?

J'acquiesce de la tête.

— Moi non plus, dit-elle.

— Ah non ? Mais alors, pourquoi tu m'as écrit ces lettres ?

— Parce que.

— Parce que quoi ?

— OK, je suis un peu gaie, j'imagine.

— Tu sais, Samantha, t'as pas besoin de t'étiqueter. Tu peux aimer qui tu veux.

— C'est toi que je voulais aimer.

— Oh, Sam…

Nous passons une bonne demi-heure à discuter. Durant ce cœur à cœur, je découvre que Samantha, malgré sa sempiternelle relation avec Constance et le fait qu'elle a un frère jumeau, se sent très seule.

— Constance, c'est ma tante, donc elle est un peu comme ma sœur. Elle a personne d'autre que moi dans la vie parce qu'elle a de la difficulté à se faire des amis. Donc, c'est comme si ça ne comptait pas. Quand on était petites, ma mère jouait avec nous parce qu'on n'avait pas d'amis. C'est poche. Et mon frère, il ne vit pas dans le même monde que moi. On n'est pas dans la même galaxie ! Il me défend quand je me fais niaiser, mais à part ça, c'est comme si on n'avait rien à se dire. Donc, à part toi, j'ai pas vraiment d'amis.

— Il y a aussi Marie-Douce, non ?

À cette question, Samantha hausse les sourcils.

— Marie-Douce qui ?

— Ah, je vois, dis-je avec un sourire plat.

— Ouaip. Tu vois.

Un silence s'installe, puis Samantha relève la tête.

— Laura, est-ce que je peux continuer à t'écrire des lettres ?

Je la considère quelques secondes, incertaine de ce qu'elle veut dire, exactement.

— Des leeeeettres ?

Elle roule les yeux.

— Pas des lettres d'amour. Juste des lettres, pour te dire comment je me sens.

— Pourquoi est-ce que tu n'écris pas dans un journal intime ?

Pinçant les lèvres, elle regarde ses mains. Oups, on dirait que je l'ai déçue en n'étant pas enthousiasmée par sa demande. À vrai dire, je ne me sens pas à l'aise d'être la confidente intime de Samantha. À part Marie-Douce et Xavier, j'ai des barrières avec les autres. Il y a aussi Corentin, mais il est plus du genre solitaire, depuis quelque temps.

— J’en ai un, mais c’est pas la même chose. J’ai comme besoin que quelqu’un qui m’inspire lise ce que j’écris.

— Oh, Samantha, je comprends. Sauf que je ne crois pas que ça soit une bonne idée. Un journal intime, c’est vraiment la meilleure façon. Ce que tu peux faire, si t’as vraiment besoin de parler à quelqu’un, c’est demander à voir un psychologue.

— Hein ? Je ne suis pas folle !

— C’est pas les fous qui font voir des psychologues. Tu sais que les vedettes de Hollywood en ont toutes un ?

— Toutes ? Même les Kardaman ?

— Surtout les Kardaman !

OK, je mens. J’ignore si cette famille de Hollywood consulte des psychologues. Mais si ça peut encourager Samantha, ça vaut la peine. Ce n’est pas comme si elle allait faire une enquête à ce sujet. Ma stratégie semble fonctionner, parce qu’elle hoche la tête.

— OK, c’est peut-être une bonne idée. Je vais demander à ma mère.

— Super ! dis-je avec soulagement.

Chapitre 23

Besoin d'un dessin ?

— J'appelle la police IMMÉDIATEMENT ! Je suis sûr que c'est le rôdeur ! Il a le même manteau à capuchon et les mêmes bottes !

C'est mon père qui vient de parler fort. Zuuuuut ! Je ne suis pas descendue assez vite ! Le pauvre Maddox va se retrouver menotté si je ne fais pas un vol plané dans l'escalier pour ôter le téléphone des mains de mon père.

— Papaaaaa ! Noooon !

Ouf ! Il n'a pas encore signalé le numéro. Je me précipite ensuite vers la porte d'entrée.

— Maddox ! Salut ! Merci d'être venu me voir si vite !

Mon ami me fait de grands yeux, puis comprend que je lui sauve les fesses en faisant semblant qu'il est venu ici à ma demande.

— Oui, euh, toujours prêt à t'aider ! Ha ! Ha !

Son rire sonne faux, c'est épouvantable. Je lui fais signe d'ôter son capuchon pour découvrir sa tête. Le fait qu'il semble se cacher n'aide pas à donner confiance à mon père. Heureusement, Maddox n'hésite pas à se dévoiler. Je sais à quel point c'est difficile pour lui, et je remarque qu'il ravale sa salive avec difficulté.

— Marie-Douce, vas-tu enfin me dire qui est ce jeune homme ! Je le vois rôder autour de la maison depuis des semaines. Il est entré par effraction dans ma remise.

— C'est une longue histoire. C'était un jeu ! On s'échangeait des indices pour une chasse au trésor. C'était pour un travail d'école.

Maddox lève les sourcils. Le problème, c'est qu'avant janvier, nous ne fréquentions pas la même école. Mais ça, mon père ne le sait pas.

— Il a rien volé, n'est-ce pas ?

Mon père secoue la tête, un peu confus. Lui qui avait tellement surveillé sa remise, je commence à croire qu'il est un peu déçu que Maddox ne soit pas un vrai malfaiteur.

— Non… rien.

À part ma bicyclette…

— Bon ! Maddox, tu peux ôter tes bottes ! Viens, suis-moi !

Sans attendre, mon ami se déchausse et place ses bottes avec précaution sur le tapis de caoutchouc. Mon père, silencieux, les bras croisés sur la poitrine, ne manque aucun de ses mouvements.

Une fois dans ma chambre, je referme la porte derrière Maddox en tenant une main sur ma bouche pour ne pas rire trop fort. Mon père ne nous a pas laissés monter sans nous avertir qu'il allait venir faire un tour en haut dans quelques minutes.

— Pourquoi t'as pas attendu que je parle à mon père ?

Maddox hausse les épaules en me fixant de son regard vert amusé.

— C'était maintenant ou jamais. Il ne fallait pas que j'hésite.

— On s'en est bien sortis, c'est ça l'important.

Ça fait drôle de voir Maddox ici, dans ma chambre. Les mains dans les poches de son manteau qu'il n'a pas retiré en arrivant, il a remis, sûrement par réflexe et par habitude, son capuchon sur sa tête.

— Tu peux ôter ton manteau…

— C'est la chambre que tu partages avec Laura ? demande-t-il sans se dévêtir.

— Oui. Là, c'est le lit de Laura et celui avec le couvre-lit fleuri, c'est le mien.

Il regarde autour, probablement avec ses yeux d'artiste. J'ai l'impression qu'il ne manque aucun détail. Lorsqu'il s'approche de ma collection de fées, je ressens le besoin de m'expliquer.

— J'ai toujours aimé les fées, dis-je. Elles ont chacune leur identité.

Il ne commente pas et continue son observation. Quand il s'attarde à mes médailles et trophées, je deviens un peu nerveuse.

— C'est toi qui as gagné tout ça ou Laura ?

— Moi… J'ai fait beaucoup de sports différents.

— Je vois ça.

— Euh… Maddox…

Il se retourne et me dévisage, toujours silencieux. Je ne sais pas quoi lui dire.

— T'as revu la vedette ? Euh… ton chum…

— C'est compliqué…

Zuuuut ! Me voilà dans une situation vraiment délicate. Même si Maddox et moi, on ne sort pas ensemble, je mentirais en disant qu'il n'y a rien entre nous. Notre amitié est tellement, comment dire, mystérieuse ? Je pense que c'est le meilleur mot pour l'expliquer. Nous avons un lien, lui et moi, mais aucune étiquette ne peut y être appliquée.

— Tu l'as embrassé ?

Avec hésitation, je hoche lentement la tête. Son expression est difficile à décoder.

— Il est parti. Il est venu pour me dire au revoir.

Petit mensonge par omission. Pourquoi raconter à Maddox que j'ai voulu suivre Lucien jusqu'en enfer ? Ça lui ferait de la peine pour rien.

— Il ne reviendra pas ?

— Non. Pas avant très longtemps. Des années.

Deux ans, c'est DES années. Pas de mensonge là.

Maddox fait un pas dans ma direction et par réflexe, je recule. Il s'arrête en retenant son souffle.

— Ah. C'est comme ça. OK, dit-il d'une voix remplie de déception.

— Qu'est-ce que tu veux dire par « comme ça » ?

— Tu ne veux pas que je t'approche. Je voulais te prendre dans mes bras.

Ouh ! Je ne peux qu'apprécier sa franchise. Il est direct, ça, c'est sûr.

— Tu pourras. Juste pas aujourd'hui. Ni demain… J'ai besoin de laisser Lucien s'en aller. Je ne pensais jamais le revoir. Ç'a été un choc, tu comprends ?

— Oui. Personne ne peut rivaliser avec une vedette. Elles sont plus grandes que nature, les étoiles. On les voit de si loin qu'elles semblent n'avoir aucun défaut, dit-il.

— J'ai connu Lucien avant qu'il soit populaire, t'sais. Pour moi, c'est pas une étoile, c'est le premier garçon que j'ai aimé.

Malgré tout, Maddox s'approche et lève une main pour repousser une mèche de mes cheveux en broussaille derrière mon oreille. Je ferme les yeux. Son geste provoque une décharge électrique dans mon cœur. Quelques secondes plus tard, les paupières encore baissées, je sens sa paume se poser sur ma joue. Sans bouger, je retiens mon souffle. Je suis presque déçue quand la chaleur de sa main s'éloigne de mon visage.

— Je dois partir. Ton père doit s'énerver.

— OK.

Les mains dans les poches, la tête recouverte de son capuchon, Maddox se retourne et fixe ses yeux verts sur moi.

— Marie-Douce, je peux te demander quelque chose ?

— Tu sais bien que oui ! N'importe quoi.

— Quand on sera au collège, ne cherche pas à me trouver, ou à me voir…

— Oh, Maddox, non… Tu ne peux pas me demander ça !

— Laisse-moi finir… Ce que je veux dire c'est que je ne veux pas que tu viennes me voir tant que t'es pas prête à être avec moi.

— Être avec toi ?

— Veux-tu un dessin ?

— Euh…

Comme par magie, Maddox sort un papier de sa poche. Il est enroulé comme un parchemin.

— Attends que je sois parti avant de l'ouvrir, OK ?

— OK…

Chapitre 24

Quelque chose qui cloche

Je reviens chez ma mère vers 13 heures. J'ai écouté Samantha me raconter sa vie, ses peines et ses peurs durant plus d'une heure. Ça m'a fait du bien, à moi aussi. Je ne suis pas la seule dont la vie est difficile. Et tout compte fait, l'existence de Samantha semble plus pénible que la mienne. Elle n'a personne qui l'aime et qu'elle peut aimer. Constance, Samuel et le reste de sa famille ne comptent pas. Je parle d'amour excitant, celui qui te gonfle le cœur et te donne des papillons dans l'estomac. Le peu de papillons que Samantha pouvait avoir, je viens de les noyer avec un gros boyau d'arrosage, au sens figuratif, évidemment.

J'ai laissé Xavier avec sa vadrouille, qu'il passait toutes les deux minutes à mesure que les clients entraient et resalissaient le plancher. Des gars de son équipe de hockey sont venus le voir, lui prodiguant des claques d'encouragement dans le dos. Je ne sais pas s'il les a mis au courant de la raison de sa présence au McDo, mais je les ai trouvés sympathiques.

À mon entrée dans la maison, j'entends les voix d'Hugo et de ma mère. C'est rare qu'ils haussent le ton suffisamment pour se faire entendre d'une pièce à l'autre. Ils sont dans le bureau et la porte est fermée. Ça aussi, c'est rare. Même si j'ai hâte de monter et d'aller raconter à Marie-Douce ma conversation avec Samantha, mon altercation avec Alexandrine et le fait que j'ai vu Xavier, je m'approche du bureau pour écouter en catimini.

— Pourquoi tu m'as pas dit ça avant, Nathalie ?

— Je pensais ne jamais avoir à le révéler ! Mais là, la pression est trop grande. La vérité va sortir et j'aurai besoin de ton soutien. S'il te plaît… ne me juge pas, OK ?

La voix de ma mère faiblit sur ces derniers mots. J'imagine qu'Hugo l'a prise dans ses bras, parce que je dois me rapprocher de la porte pour percevoir sa réponse.

— Je t'aime, Nath. Je serai là pour vous deux, OK ? Je ne peux pas croire que t'aies pensé une seule seconde que j'allais te laisser tomber.

Pour « vous deux » ? Parle-t-il de moi ? Mon cœur s'emballe. Selon toute vraisemblance, ma mère vient d'avouer un grand secret à Hugo. Je m'en veux de n'avoir pas terminé ma rencontre avec Samantha plus tôt. J'aurais pu arriver plus vite et attraper le début de la confession de ma mère. Maintenant, avec ces quelques phrases, je ne peux qu'imaginer de quoi ils parlent. Et avec tout ce qui se passe, j'ai la tête vide.

— Je t'aime aussi, Hugo, dit ma mère.

Qu'est-ce que je fais maintenant ? Il faut battre le fer pendant qu'il est chaud ! Je dois savoir de quoi il s'agit !

— Maman ? Hugo ? Est-ce que je peux entrer ? dis-je à très haute voix.

Un silence s'abat dans la pièce. Uh, ho ! On dirait bien qu'ils viennent de se figer comme des statues.

Ceci m'indique clairement que je viens de surprendre une conversation qu'ils ne voulaient pas que j'entende.

— Oui, chérie… entre.

Tournant la poignée avec fébrilité, ma main tremble comme une feuille. Tout mon corps est en état d'alerte. Quand j'entre et vois l'expression de leur visage, je saisis vite toute la gravité de la situation. C'est loin de m'aider à me calmer.

— J'ai, euh… entendu ce que vous disiez. Je suis désolée. J'écoutais pas, mais vous parliez pas mal fort. Vous m'inquiétez. Qu'est-ce qui se passe ?

Ma mère est blanche comme un linge et Hugo la tient solidement contre lui. Ça prend de longues secondes avant que maman ouvre la bouche.

— J'ai dû quitter mon emploi, Laura.

Je cligne des yeux, la main sur le cœur. Je vois quelque chose comme de la surprise passer dans le regard d'Hugo et je remarque qu'il la serre encore plus fort. En plus, il toussote comme pour se racler la gorge. Leur attitude est vraiment bizarre.

— Ah… et c'est SI grave que ça ?

— Non ! fait Hugo sans hésiter. De toute façon, ça lui fera plus de temps pour étudier.

Puis, il serre l'épaule de ma mère en déposant un baiser sur sa tempe.

— Hein, chérie ? T'étais fatiguée, ces derniers temps, justement…

Hugo n'appelle jamais ma mère « chérie ». Il y a quelque chose de vraiment étrange dans leur attitude.

— On se serrera la ceinture, maman. C'est pas grave… Je peux retourner mon iPhone et…

Juste dire ça me donne la nausée, mais je suis prête à le faire si c'est nécessaire.

— T'es vraiment adorable, ma chouette, mais ça ne sera pas nécessaire. Je vais trouver un autre emploi, c'est tout ! Ils ont dit que c'était peut-être seulement temporaire, en plus.

Ma mère est bibliothécaire à temps partiel depuis les suppressions de postes et elle étudie pour devenir infirmière. C'est vrai que ça lui fait beaucoup de travail en même temps. Sans parler de tout ce qu'elle fait dans la maison.

— Rien ne presse, dit Hugo. Et Laura, ne sois pas inquiète, ça ne changera rien dans ta vie.

— OK…

Je les fixe un long moment, perplexe. Il y a quelque chose de louche, mais quoi ?

— Je vais monter dans ma chambre, là, dis-je.

— D'accord, fait maman avec un sourire qui ne lui va pas du tout.

Oui, vraiment, quelque chose m'échappe, mais quoi ?

Chapitre 25

Un dessin troublant

Je ne réussis pas à me concentrer sur mon livre. J'ai beau reprendre la lecture de la même phrase de multiples fois, rien n'entre dans mon esprit. Maddox m'a complètement déstabilisée avec ses paroles paraboliques pas claires ! J'ai mis la feuille enroulée sur ma table de chevet. J'ai un peu peur de l'ouvrir. Je vais attendre que Laura arrive. Mes yeux n'arrêtent pas d'aller de mon livre au rouleau de papier. Maddox y a même noué une ficelle rouge, pour rendre ça encore plus mystérieux. Et en plus, le papier est beige. On dirait presque un vrai parchemin.

La vérité, c'est que la visite de Lucien m'a ébranlée plus profondément que je le croyais. Quand je l'ai vu partir, je me suis dit qu'il m'avait fait le cadeau de pouvoir faire la paix avec toute la peine qu'il m'avait causée. C'est vrai ! De comprendre qu'il m'aimait encore malgré tout ce qui s'est passé, ça m'a fait du bien. Ça m'a immunisée temporairement contre toute douleur intérieure. Ce rendez-vous dans deux ans, j'ai trouvé ça romantique, sur le coup. Mais là, plus les jours passent, plus la souffrance revient. J'ai un vrai deuil à faire.

Hier, en m'endormant, j'ai réalisé que cette histoire de rendez-vous dans deux ans, ce n'était que pour coussiner notre tristesse de se perdre l'un l'autre. Je soupçonne Lucien de ne pas être convaincu que nous nous retrouverons réellement. L'idée de cette réunion l'apaise, lui aussi. Du moins, c'est ce que je devine.

Je pense que mon cœur a eu assez d'émois pour lui durer longtemps. Peu importe ce à quoi on s'attend de moi, je ne serai pas en mesure de tomber amoureuse de qui que ce soit d'autre. Peut-être que, finalement, ce rendez-vous se fera pour de vrai, comme dans les films, qui sait ?

J'avais des sentiments pour Maddox, avant que Lucien réapparaisse sur le pas de ma porte avec ses confessions, ses baisers et ses larmes. L'amour, ça ne se contrôle pas. Et pour l'instant, tout ce que j'éprouvais pour Maddox (et c'était encore très flou dans mon esprit) s'est cristallisé. J'ai beaucoup de mal à me l'expliquer. C'est comme de l'amour qu'on aurait placé dans un sac étanche et mis au congélateur pour le sortir plus tard, quand le bon moment serait venu. Voilà, je pense que c'est la meilleure façon de le dire.

Si ce que voulait vraiment me dire Maddox était de ne pas l'approcher tant que je ne serais pas prête à être sa blonde, alors je vais avoir un sérieux problème. Il est mon seul véritable ami et allié au collège. Maddox, c'est mon pilier. Le seul qui ne risque pas de me donner un coup de couteau dans le dos, figurativement, bien sûr. Je ne fais confiance à personne, même pas à ma cochambreuse Vivianne, ni à Clara et encore moins (Seigneur !) à James Crown.

J'en suis à ces pensées intenses quand la porte de la chambre s'ouvre sur une Laura encore vêtue de son manteau qui s'élance de tout son long sur son lit.

— Salut…, fais-je en fermant mon livre.

— … alu… arrrfff!! dit-elle sous ses cheveux, le visage à plat sur sa couette noire et blanche.

Dracule est entré en même temps qu'elle, mais s'est vite caché sous son lit. Je pense que l'humeur de sa maîtresse lui a fait peur. Ce chat est souvent hors d'atteinte, soit sur le dessus d'une bibliothèque, d'une armoire ou sous un meuble. On ne peut pas dire qu'il est envahissant, ça non! C'est peut-être pour ça que j'y suis de moins en moins allergique. Ou alors c'est mon nez qui commence à comprendre que Dracule fait partie de ma vie pour de bon.

— Mon chat! fait-elle en glissant pour regarder sous son lit.

Mais Dracule sort et court hors de la chambre.

— Encore raté, dit-elle. Je commence à croire qu'il m'aime plus.

— En tout cas, il est pas encombrant. Qu'est-ce que t'as, Laura? T'as l'air découragée!

Roulant sur le dos, le bras sur le front, ma sœur lâche un long soupir.

— J'ai tout donné. J'ai plus de jus!

— T'as vu Samantha?

— Oh oui! Ce fut intense, mais je pense qu'elle a bien compris.

— Tant mieux, dis-je, accotée sur mes oreillers fleuris.

— Est-ce que tu savais que ma mère a perdu son emploi ? demande-t-elle soudain.

— Non… La bibliothèque fait des mises à pied ?

— Aucune idée, dit-elle en rabaissant le bras qui cachait son visage. Nos parents m'ont dit ça tantôt. Mais ils étaient vraiment *weird*. Je les ai entendus parler, j'ai demandé à entrer et c'est là qu'ils m'ont annoncé la mauvaise nouvelle. Mais je pense qu'il se passe autre chose, Marie-Douce. Je ne sais pas quoi.

— Peut-être que mon père a aussi des problèmes avec son travail et qu'ils sont inquiets de se retrouver à la rue ?

Ma sœur se redresse d'un mouvement vif et s'assoit en Indien sur son lit, prenant un de ses coussins vert lime en otage sur ses jambes.

— Mmmm… ça pourrait être ça, ou n'importe quoi d'autre.

— Nathalie et mon père ne mentent jamais ! dis-je avec certitude.

— C'est ce que j'arrête pas de me dire. Bon, c'est pas grave. Ton père m'a dit de ne pas m'en faire avec ça. Il avait presque l'air content que ma mère soit en congé forcé.

— C'est vrai qu'elle était un peu fatiguée avec ses études le soir et son travail le jour, dis-je pour alléger la situation. Ça lui fera du bien.

— Et toi, t'as fait quoi pendant mon absence ?

— Maddox est venu ici.

— Quoi ? Wô ! C'est vrai ?

Je raconte à ma sœur toute l'histoire, de papa et ses jumelles à Maddox et son dessin enroulé.

— J'ai un peu peur de l'ouvrir. Je t'attendais, en fait.

Saisissant le rouleau de papier, je le lui tends.

— Toi, regarde avant moi.

— T'es sûre ? J'aurais l'impression d'espionner…

— Non, vas-y. S'il te plaît, Laura.

— OK…

Fermant les yeux, elle retire la ficelle et déroule la feuille. Rapidement, ses yeux s'embuent de larmes et son front se plisse.

— Oh, mon Dieu, Marie-Douce ! Il est trop *hot*…

Lorsqu'elle retourne la feuille, ce que je découvre me va droit au cœur.

Chapitre 26

L'amie numéro un

C'est le nombril de la semaine et j'ai l'impression de ramper de classe en classe. Il y a trop d'incertitudes, trop de mystères dans ma vie, en ce moment. L'angoisse est de retour et me serre tellement la gorge que j'ai du mal à avaler chaque bouchée. J'ai aperçu ma mère à la bibliothèque, tout à l'heure. Quand elle m'a vue, elle a changé de face. Un peu comme une enfant surprise avec la main dans la jarre à biscuits. Étonnée de la rencontrer là alors qu'elle n'est plus censée y être, je suis allée lui parler.

— Je pensais que t'avais été renvoyée ?

L'autre bibliothécaire, la fameuse Sylvie Tremblay qui avait gardé mon Dracule l'an dernier quand je pensais l'avoir perdu à jamais, se racle la gorge. Elle semble très mal à l'aise.

— Il faut que je travaille encore quelques jours. C'est toujours comme ça…

— Ah oui ?

Je lance un regard interrogateur à Sylvie Tremblay.

— Ta mère a raison, marmonne-t-elle.

— Bon, je dois aller manger. À ce soir, m'man !

— Bon après-midi, ma chouette…

Corentin m'attend à la porte de la bibliothèque. Je m'en allais avec lui lorsque j'ai freiné pour aller demander à ma mère pourquoi elle était encore derrière le comptoir.

— Qu'est-ce que t'as ? T'es vraiment tendue, Laura ! Relaxe un peu sinon tu vas casser en deux.

— C'est exactement comme ça que je me sens. Cassée en deux morceaux inégaux.

Avec un petit rire, il serre l'arrière de mon cou et me pousse vers les grands escaliers qui mènent à la cafétéria. De l'autre main, il pianote sur son iPhone.

— À qui est-ce que tu textes ?

— Un ami ! Pas de tes affaires, mademoiselle la curieuse.

— Je ne savais pas que t'avais d'autres amis que moi. Je croyais te suffire, dis-je d'une voix mi-taquine, mi-découragée.

— J'ai une très importante vie sociale, tu sauras !

— N'importe quoi ! Tu dis ça pour te donner un genre… Souviens-toi de qui t'a sorti de ta solitude quand t'es arrivé au Québec, han !

Je le taquine, évidemment. Corentin a d'autres amis que Marie-Douce et moi. Mais j'aime lui rappeler que son amie numéro un, c'est moi et personne d'autre.

— Tu ne me laisseras jamais te faire descendre dans ma liste d'amis, hein ? fait-il en lâchant mon cou.

— Range ton cellulaire, c'est pas poli de texter pendant que je te parle.

Sans s'obstiner, Corentin glisse l'appareil dans la poche de ses jeans. Devant nous, Alexandrine marche avec Clémentine. J'ai envie de lui lancer quelque chose à la tête. Heureusement pour elle, je n'ai rien qui s'apparente à un projectile à portée de la main.

— Tssss… Elle travaille chez McDo avec Xavier, la folle, dis-je en marmonnant.

— Même s'il s'avère que t'es la sœur de Xavier, il ne sortira jamais avec elle. Je peux te le confirmer sans avoir peur de me tromper, Laura.

— Mais il peut sortir avec toutes les autres, dis-je en soupirant. Je pense que c'est ça qui risque le plus de me tuer : voir un jour Xavier embrasser une autre fille. Et plus tard, quand on sera des adultes, peut-être se marier avec une autre ! OK, je vois trop loin, je sais…

— En effet, fait Corentin. Viens, je te paye un brownie pour dessert.

L'après-midi se déroule avec une lenteur comparable à celle d'un défilé d'escargots. J'ai croisé Xavier une fois. Il a mis son poing sur son cœur, mais j'ai senti que quelque chose n'allait pas. Une fois à la maison, je l'ai appelé sur son cellulaire.

— Xavier…

— Oui, Laura. Je sais, j'ai filé bizarre, cette semaine. Je ne sais pas quoi te dire…

— C'est correct. Je connais la rengaine : tu ne veux pas me faire de peine. Est-ce que ça va bien avec mon père ?

Le silence qui s'ensuit m'inquiète.

— Xavier ? Est-ce que t'es encore là ?

— Oui.

— Il y a quelque chose que tu ne me dis pas, han ?

Un autre silence. Mon rythme cardiaque s'accélère, mes mains deviennent moites et ma voix se casse.

— Qu'est-ce qui se passe ? Il faut que tu me le dises !

— J'ai bien observé Daniel, depuis son retour. J'ai vraiment pris le temps de parler avec lui et de lui poser tout plein de questions.

— Xavier, tu me fais peur…

— Je pense que Daniel est mon père, Laura. On est comme trop pareils. C'est vraiment bizarre.

— C'est peut-être juste parce que tu cherches des indices depuis qu'on sait que c'est une possibilité. T'avais pas cette impression avant.

Un autre silence suit et je l'entends respirer.

— Je l'avais, cette impression. C'est juste que je me convainquais que je m'inventais des histoires.

Un sanglot m'empêche de parler. J'essaie, mais rien ne sort plus de ma bouche.

— Laura ! Pleure pas, s'il te plaît… pleure pas…

Incapable de dire un seul mot de plus, je coupe la communication.

Chapitre 27

Abandonnée !

Normalement, je devrais partir ce soir du collège, mais mon père m'a demandé de rester une autre nuit à cause de la météo. Une tempête de neige monstre se dirige sur le Québec, paraît-il.

— Papa, je dois revenir à la maison ! J'ai promis à Laura que je serais là ce soir !

— Je ne peux pas venir te chercher ce soir, je viendrai demain matin. Avec cette tempête, prendre la route, c'est de la folie ! Et en plus, ce soir, Nathalie a vraiment besoin de moi.

— Mais qu'est-ce qui se passe ? Pourquoi est-ce que Nathalie a tellement besoin de toi, tout à coup ?

— Longue histoire…, soupire-t-il.

— Quand on dit ça, c'est qu'il y a quelque chose qu'on ne veut pas révéler. Dis-le-moi ou je vais faire de l'auto-stop pour m'en venir !

— T'oserais pas !

— Oh que oui. Alors, dis-moi !

Mon père soupire, mais finit par parler.

— On a reçu les résultats des tests d'ADN.

— QUOI ? Et je ne serai PAS LÀ pour soutenir Laura ?

— Comme je te l'ai dit, je viendrai te chercher demain !

— Mais papa ! Voyons donc ! Pourquoi est-ce que Nathalie a besoin de toi ? C'est pas elle qui risque d'apprendre que son amoureux est son demi-frère !

— Je suis désolé... Demain, tu comprendras pourquoi je ne peux pas m'absenter ce soir. Sans parler de cette tempête qui commence ; ça serait très imprudent de faire un trajet de quatre cents kilomètres, aller-retour, dans ces conditions. Je te laisse, Daniel et Martine s'en viennent. Je t'aime. Je vais t'appeler dès qu'on en sait plus. Bye, ma puce...

— Papa ! Non ! Laisse-moi pas ici comme ça !

Mais il a raccroché. J'ai l'impression d'avoir été trahie, laissée derrière alors que le navire coule. Sortant du bureau de la secrétaire qui me regardait avec de gros yeux parce qu'elle aussi voulait partir, j'aperçois James Crown qui vient vers moi.

— Je t'ai cherchée partout ! Viens avec moi !

Sans attendre, il saisit mon bras et m'entraîne vers le grand couloir qui mène à la section du pensionnat.

— Hé ! Arrête ou je crie au meurtre !

— Si tu ne la fermes pas, je ne te ramènerai pas chez toi ce soir !

— Tu ferais ça ?

— Oui. En fait, pas moi, mais j'ai tout arrangé. Je dois te dire tout de suite qu'on va arriver tard et que tu devras m'héberger.

Chapitre 28

Les résultats

Dès que je mets le pied dans la maison du Vieux-Vaudreuil, j'ai la nette impression que l'énergie est différente, tendue et pétillante. Mon père est debout près du comptoir de la cuisine avec Hugo. Dès mon apparition, ils se taisent d'un coup sec. Ensuite, j'aperçois ma mère qui descend la dernière marche de l'escalier menant à l'étage. Martine est assise dans un fauteuil du salon et bébé Fred est debout près de la table basse, appuyée au canapé, une main recouverte de salive près de la bouche.

— Aaahaa ! fait le bébé.

En temps normal, la première chose que je ferais, c'est de prendre ma petite sœur pour la faire voler dans les airs. Mais pas ce soir.

— Pourquoi vous êtes tous là ? Est-ce que…

Tout le monde me dévisage, mais ne dit rien. Puis, comme sorti de nulle part, Xavier apparaît par la porte de la cuisine qui mène à la cour arrière.

— Est-ce que Laura est arrivée ? demande-t-il avant de se figer en posant les yeux sur moi.

— C'est les résultats des tests ? On les a reçus, c'est ça ?

J'ai posé ma question d'une voix si aiguë que je ne me reconnais pas moi-même. Posant une main sur ma gorge, j'essaie de respirer calmement, mais je n'y arrive pas très bien.

— Où est l'enveloppe ? Avez-vous déjà regardé ?

— Ici, fait Xavier en la sortant de l'intérieur de son manteau.

C'est une enveloppe blanche toute simple, qui semble inoffensive, et pourtant…

— Évidemment qu'on l'a pas encore ouverte, voyons, fait mon père. Jamais sans toi, ma grenouille.

Puis, il fait quelque chose qui ne lui ressemble pas. Il s'approche et me prend dans ses bras pour me serrer très fort.

— Peu importe ce que dit ce document, je veux que tu saches que je t'aime, OK ?

— Oui, papa, dis-je, la joue contre sa poitrine solide.

— Est-ce que tu veux manger quelque chose avant qu'on l'ouvre ? m'offre ma mère. On a commandé une pizza tantôt, il en reste une pointe pour toi.

Ainsi, ça doit faire un bout de temps qu'ils m'attendent. Évidemment, ils ont pu joindre Xavier avant moi parce que LUI, il a le droit de garder son cellulaire à l'école ! Pourquoi n'ont-ils pas simplement appelé le secrétariat pour me faire sortir de ma salle de cours ? Tsss… Ça ne vaut pas la peine de poser la question. L'important, c'est qu'ils n'aient rien lu sans moi.

— Je mangerai après. J'ai la gorge complètement sèche et nouée… rien ne pourrait passer, dis-je, la voix un peu enrouée.

— Alors, on peut ouvrir l'enveloppe ? demande Xavier avec impatience.

Il tient la missive d'une main tremblante en s'assoyant sur le sofa. Très vite, il me fait signe de le rejoindre, ce que je fais après avoir lancé mes bottes dans le tas déjà accumulé à côté de la porte.

— Je pense que Martine devrait nous annoncer les résultats, dis-je en posant une main sur le bras de Xavier. Elle sera moins énervée et pourra lire plus clairement les résultats.

— Je suis d'accord, souffle Xavier après quelques secondes d'hésitation.

L'enveloppe passe de la main de Xavier à celle, beaucoup plus calme, de Martine. Sans dire un mot, elle déchire le papier alors que je serre la paume de mon peut-être-amoureux-peut-être-demi-frère jusqu'à lui écraser les jointures, mais il ne s'en plaint pas. Mon père est assis à ma gauche, avec Fred sur ses genoux. Ma mère et Hugo ont apporté des chaises de la salle à manger dans le salon.

— OK, donc… attendez, je dois lire un peu, fait Martine.

On pourrait entendre une mouche voler. Xavier se défait de ma poigne pour entourer mes épaules de son bras et me serrer contre lui.

— OK… alors… attendez, répète-t-elle. C'est vraiment bizarre. Il y a peut-être une erreur. Excusez-moi, je ne veux pas vous faire attendre, mais je dois bien comprendre pour pouvoir vous donner les bonnes réponses dès le premier coup.

Hugo se lève, franchit la distance qui le sépare de Martine et tend la main. Elle lui remet la feuille avant de prendre une longue inspiration. À son tour, Hugo fronce les sourcils et se frotte le menton alors que ses yeux scannent la feuille. Il regarde Martine en soupirant.

— C'est pas une erreur. C'est ce qu'on craignait…

À ces mots, ma mère émet un cri qui ressemble à du désespoir. Elle se lève d'un mouvement vif pour saisir la feuille qu'Hugo tenait encore.

— Non ! Oh, mon Dieu !

Elle regarde mon père qui se lève à son tour pour prendre la feuille. Ses yeux noirs lisent trois ou quatre fois les mêmes lignes. Pour ensuite nous regarder.

— Vous êtes PAS frère et sœur. La possibilité est de 0,002 %, ce qui indique hors de tout doute que vous êtes de complets étrangers l'un pour l'autre.

Xavier se lève en lâchant un cri de joie si intense que je dois en couvrir mes oreilles. Dès qu'il me tend les bras, je lui saute au cou, entourant sa taille de mes jambes comme un singe. Notre baiser est tout de même rapide et chaste parce que, allô ! trop d'adultes nous observent. D'ailleurs, lorsque j'aperçois leurs regards fuyants, je comprends que quelque chose ne va toujours pas. Ils ne sont pas contents pour nous ?

Xavier semble remarquer la même chose que moi et notre excitation tombe un peu. Mon père reprend la parole.

— Il y a une nouvelle information, dit-il gravement.

Ma mère, déjà tendue depuis tout à l'heure, éclate en sanglots.

— Je suis désolée, Laura… Jamais j'aurais cru… J'en étais si certaine…

— Quoi, qu'est-ce qu'il y a ? Pourquoi est-ce que tu paniques comme ça ?

Mais maman pleure trop pour répondre. C'est mon père qui prend son courage à deux mains.

— Selon les tests, je suis le père de Xavier, mais pas le tien, Laura…

Chapitre 29

En route vers Vaudreuil-Dorion

J'ai perdu beaucoup de temps parce que je devais absolument prendre une douche (normalement, si mon père était venu me chercher, j'aurais eu le temps) et, pour faire exprès, mes sacs n'étaient pas prêts. Rejoindre James dans le grand hall du collège m'a pris près d'une heure, parce qu'en plus, je cherchais un restant de n'importe quoi à grignoter. Avec tout ça, il est déjà 18 heures et je suis encore sur ma faim après avoir trouvé une barre granola dans le fond d'un tiroir.

— Ça fait une éternité que tu traînes ! dit James. Allez, ils nous attendent.

— Ils ? T'as besoin d'une équipe entière quand tu prends la route ?

À peine le pied dehors, je reconnais la Mercedes de ma mère. Bruno est au volant et lorsque la portière s'ouvre, c'est Corentin qui en sort !

— Mais qu'est-ce que…

— Nous avons tout arrangé, m'informe James. Corentin savait que ton père ne viendrait pas te chercher ce soir par ce temps. Allez, viens, on gèle !

Corentin m'adresse un sourire fier, comme il aime le faire quand il sait qu'il m'a étonnée. Une fois dans la voiture et après avoir salué et remercié Bruno de s'être déplacé jusqu'ici pour moi, je tourne mon attention vers Corentin.

— Explique !

— En fait, c'est Xavier qui m'a dit que les résultats étaient arrivés. Il l'a su en fin d'après-midi. Quand j'ai appris qu'Hugo voulait venir te chercher seulement demain, j'ai tout arrangé avec Bruno.

— J'ai pas peur des tempêtes, moi ! s'exclame le chauffeur.

— Et mon père dit que Nathalie a besoin de lui, ce soir. Celle-là, je ne la comprends pas. Qu'est-ce que Nathalie a à voir avec ces résultats ?

Corentin sourit, mais son expression est bizarre.

— Je sais pourquoi. J'ai reçu un texto de Xavier il y a quelques minutes.

— Arrête de tourner autour du pot ! Qu'est-ce qui est si dramatique ? Daniel est le père de Xavier ?

— Oui.

La réponse directe et claire de Corentin à cette question m'arrache le cœur. Je couvre mon nez et ma bouche de mes deux mains et sens les larmes monter rapidement à mes yeux.

— Oh, non… Pauvre Laura ! Elle doit tellement capoter ! Et je ne suis pas là pour la serrer dans mes bras ! C'est horrible ! Ils sont vraiment frère et sœur alors !

— Ah, ça ? Non, tu te trompes. Ils ne sont pas apparentés du tout. De vrais étrangers, ces deux-là ! Ils pourront même se marier, faire des marmots en bonne santé… tout le tralala !

Confuse, j'essuie mes larmes avec la manche de mon manteau. Les propos de Corentin n'ont aucun sens et en plus, il se trouve drôle ! Ça ne lui ressemble tellement pas d'être aussi détaché. On dirait que James a déjà déteint sur lui. Mais surtout, comment est-ce possible qu'ils ne soient pas apparentés si Daniel est le père de Xavier ? Je suis confuse !

— Hein ? Quoi ? Arrête de me niaiser, Corentin ! C'est pas drôle du tout ! T'es donc bien sans cœur !

— Je ne rigole pas, dit-il. Xavier et Laura ne sont pas parents et Daniel est le père de Xavier.

— OK, mais la seule façon que ça soit possible, c'est si Daniel est pas le père de… Laura… OH MON DIEU ! Mon père s'y attendait, Nathalie l'a averti ! Ça explique tout !

— Bingo, fait Corentin en pointant un index vers moi.

— C'est une nouvelle terrible ! Voyons donc ! Laura doit être solidement traumatisée ! Comment peux-tu trouver ça comique ?

— Je ne trouve pas ça comique, se défend Corentin avec un regard vers James qui ne bronche pas.

— Bingo ! dis-je d'une voix nasillarde, pointant mon index pour l'imiter.

— Arrête de faire des montagnes avec tout, Marie-Douce. J'ai pas ri, tout de même.

— T'étais mieux pas.

— Je suis désolé, Marie-Douce… Je ne voulais vraiment pas avoir l'air sans cœur.

— C'est correct. Fais juste attention devant Laura. Elle doit être bonne à ramasser à la petite cuillère, à l'heure actuelle, dis-je d'une voix ferme.

À mon ton, Corentin n'ajoute plus rien. Il semble même piteux, le pauvre. James, qui ne semble pas remarquer l'humeur de son nouvel ami, a pris place sur le siège du passager et Corentin est avec moi sur la banquette arrière. Nous avons encore au moins une heure et demie de route à faire avant que je puisse serrer Laura dans mes bras pour la consoler. Cette nouvelle est un dur coup pour elle. Laura aime tellement Daniel St-Amour qu'elle a tout fait pour que Nathalie et mon père se séparent. Elle a accepté de bon cœur que Daniel passe du temps avec Xavier et qu'il s'en occupe comme un père. Dans ma tête, les points se relient. Daniel se doutait que Xavier était son fils. Il était sûrement très conscient du fait qu'il avait « été » avec Élise environ neuf mois avant la naissance de Xavier. Il sait compter, ce n'est pas compliqué : 1-2-3-4-5-6-7-8-9 !

Oh, Seigneur ! Nathalie a de bonnes explications à donner à sa fille ! Parce que si Laura n'est pas l'enfant de Daniel, elle n'est certainement pas non plus l'œuvre du Saint-Esprit. Alors, qui est le vrai père de Laura ?

Dire que je trouvais qu'ils se ressemblaient, tous les deux. Les mêmes yeux presque noirs, des nez sensiblement pareils. Et c'est là que j'ai un flash. Xavier ressemble encore plus à Daniel que Laura. Comment ne pas l'avoir vu avant ?

— Bruno, est-ce que tu penses qu'on pourrait rouler plus vite ?

— J'aimerais bien, Marie-Douce, mais regarde la neige qui tombe ! Ha ! Ha ! Ha ! Je n'ai pas peur des tempêtes parce que je sais qu'il faut rouler doucement !

Non seulement Bruno a roulé doucement, mais nous avons dû nous arrêter en chemin parce qu'on mourait de faim. J'ai d'abord un peu flippé parce que manger, ça prend du temps. James, Corentin, Bruno et moi avons soupé (merci, Seigneur !) dans un McDonald de je ne sais pas quelle ville. Et pas avec la commande à l'auto, non, madame ! James a insisté pour vivre pleinement l'expérience ! Je capotais, pensant aux précieuses minutes qui s'écoulaient, mais il avait l'air si heureux que je n'ai pas pu lui refuser ce petit plaisir. Bizarrement, pour lui, c'était une « sortie » excitante.

C'était son premier Big Mac à vie.

Chapitre 30

Seule

Quand toute notre existence telle qu'on la connaît s'écroule en l'espace d'une fraction de seconde, on a l'impression qu'un immense trou noir essaie de nous aspirer. On a beau essayer de s'agripper, aucune prise n'est là pour ralentir la chute. C'est exactement comme ça que je me sens. J'ai dû dévisager mon père… euh… Daniel durant de longues secondes avant de vraiment comprendre ce qu'il venait de dire. « Je suis le père de Xavier, mais pas le tien, Laura… »

Pas le mien ?

Voilà pourquoi ma mère pleurait autant. Elle SAVAIT que cette nouvelle information allait sortir. C'est certainement ÇA qu'elle a confié à Hugo, il y a quelques jours quand il l'a consolée avec autant de vigueur. Ça explique pourquoi je l'ai vue à la bibliothèque. Elle n'a pas perdu son emploi. C'était juste un mensonge. Je ne peux plus me retenir d'exploser.

— Maman, ne me parle pas, ne me regarde pas. La confiance entre nous, c'est fini ! Tu m'as tellement menti !

Xavier essaie de me prendre dans ses bras, mais je le repousse presque violemment.

— Tu voulais un père, t'en as un vrai ! Laisse-moi tranquille !

Daniel, à son tour, essaie de m'intercepter alors que je me dirige vers la porte. Il n'a pas le temps de me toucher que je lève les deux mains, sur la défensive.

— Non ! Touche-moi pas ! Tu t'en doutais sûrement, toi aussi ! Et tu me l'as jamais dit !

— Laura… tu seras toujours ma…

— Shhhhhhhh ! Je ne veux rien entendre. Tu voulais un fils, félicitations. Maintenant, tu peux investir tout ton temps sur lui sans te sentir coupable de ne pas t'occuper de moi. T'es libéré de tous tes doutes à mon sujet et de toute responsabilité !

— Il le savait pas, Laura ! dit Xavier pour défendre son « père ».

— Penses-tu vraiment qu'il avait pas été averti ? Si c'était une surprise pour lui, il serait en train de crier des bêtises à ma mère, en ce moment ! Lâchez-moi tous ! J'ai besoin d'être seule !

J'enfile bottes, manteau, tuque, mitaines et je sors dans le blizzard qui fait rage. Zut ! Je n'avais même pas vu qu'il neigeait. Ce n'est pas grave. Je suis si engourdie par la douleur et la tristesse que je ne sens rien. Et puis, marcher cinq kilomètres, ça me fera du bien. J'ai besoin de m'enfermer dans le placard d'urgence chez les Cœur-de-Lion et de ne plus en sortir pour un bon bout de temps. Aveuglée par mes larmes, je me dirige vers Vaudreuil-sur-le-Lac sans vraiment voir où je vais.

C'est à peine si je me souviens du code pour déverrouiller la porte. Ça fait un certain temps que je ne me suis pas cachée ici. Tout est exactement comme nous l'avions laissé, Marie-Douce et moi. Il reste des réglisses et du chocolat, mais même ces succulentes friandises ne pourront passer le seuil de ma luette. J'ai mal à mon âme, si je peux l'expliquer ainsi. Je me sens comme si mon père venait de mourir subitement. Une minute, il était mon papa d'amour et l'autre, il n'était plus rien. On change Daniel St-Amour de case ! Hop ! Le voilà père de Xavier !

Et moi… c'est comme si je venais de tout perdre.

La seule question qui me vient à l'esprit, celle-là très inquiétante, est : qui est mon vrai père ?

Un autre sanglot me secoue. Si ma mère me l'a caché toute ma vie, ça doit être parce qu'elle n'en était pas trop fière. Ça, ou c'est un sans-cœur qui n'a jamais voulu reconnaître sa fille. Dans tous les scénarios possibles, mon géniteur est un étranger.

Ou peut-être pas ?

Se peut-il que je le connaisse déjà parce qu'il a toujours été dans notre entourage ?

Oh, mon Dieu ! Tout est possible. Mais ma mère n'a pas vraiment d'amis hommes. Elle a ses copines de la bibliothèque, elle parle à Martine par la force des choses, parce qu'elle fait partie de notre famille élargie, mais à part ça, je ne connais pas d'autres amis à ma mère. Sa vie est un petit cercle restreint.

Vidée de toute émotion, je me blottis contre les coussins et, saisissant la couverture de polar, je m'abrie pour ensuite fermer les yeux. Un long frisson me parcourt le corps. J'ai encore froid d'avoir marché sur une si grande distance sous la neige. Une chance que Martine m'a interceptée à mi-chemin pour me conduire jusqu'ici parce que je pense qu'on m'aurait retrouvée congelée dans un banc de neige demain matin.

Miranda a dû être informée de ma visite avant que j'arrive, parce que, après m'avoir ouvert la porte, elle m'a longuement serrée dans ses bras et m'a laissée monter jusqu'ici sans me poser de questions.

Je suis sur le bord de m'endormir quand on cogne à la porte de ma tanière.

— Laura… ouvre-moi, s'il te plaît.

C'est Xavier, et il semble désespéré. Le ton de sa voix ne me laisse pas froide, mais je ne peux pas lui ouvrir. Je sais qu'il doit vivre quelque chose d'assez intense, lui aussi. Et je suis consciente que rien de ce qui vient de se passer n'est de sa faute. Cependant, j'ai besoin d'être seule et de disparaître.

Chapitre 31

Petits bâtons microscopiques

Il est 21 h 32 quand nous arrivons finalement devant la résidence de ma mère et de Valentin. Entre-temps, j'ai envoyé plusieurs textos à Laura, me doutant très bien qu'elle ne me répondrait sûrement pas, comme ce fut le cas.

En chemin, alors que nous n'étions plus très loin de Vaudreuil-sur-le-Lac, j'ai réussi à joindre mon père. Il m'a informée que Laura était allée chez les Cœur-de-Lion et qu'elle ne voulait parler à personne, même pas à Xavier. Je l'ai tout de suite su : Laura s'est enfermée dans le placard d'urgence. Zut, je ne sais pas si je me souviens du code. C'est quelque chose comme 6633, ou 3366… Au pire, Bruno possède la clé.

— Marie-Douce ! Attends-moi !

Corentin sur les talons, j'entre en trombe dans la maison sans un regard pour mon ami. Je ne sais pas s'il attendra James pour entrer, mais je m'en contrefiche. Il n'avait même pas besoin d'être ici, celui-là !

Après avoir croisé Xavier dans le hall et monté les marches quatre à quatre (j'exagère à peine), j'arrive enfin devant le placard. Sans même cogner, j'entreprends de composer le code. Victoire ! Ça fonctionne au premier essai. La petite lumière verte s'allume et je peux tourner la poignée pour entrer. La pièce est plongée dans le noir, mais grâce à la lumière du couloir, je vois la silhouette de Laura se profiler parmi les coussins. Ses yeux sont fermés et elle est immobile. Prenant la peine de saisir mon iPhone dans ma poche pour en activer la fonction « lampe de poche », je referme la porte et verrouille la serrure derrière moi.

Sans dire un mot, je me couche à côté d'elle et je caresse doucement ses cheveux, prenant soin de ne pas pointer la lumière tout de même assez intense sur ses paupières.

— Je suis orpheline, murmure-t-elle.

— Je sais que tu vas penser que c'est facile à dire, mais pour Daniel, tu seras toujours sa fille, t'sais.

— Il a son garçon, maintenant. C'est ce qu'il a toujours voulu. Je l'ai toujours su qu'il aurait préféré que je sois un gars. Il n'a jamais su comment s'occuper de moi. Aujourd'hui, c'est son jour de chance. Il doit être tellement soulagé, heureux, en extase…

Les paroles que ma sœur murmure me fendent le cœur. Elle ne peut pas dire des choses pareilles sérieusement. C'est trop triste.

— C'est le choc qui te fait parler comme ça, Laura. Dans quelques jours, tu verras que ta vie va continuer exactement comme avant. Ton père sera toujours ton père. C'est son nom sur ton certificat de naissance, après tout !

Laura se redresse sur ses coudes.

— C'est juste un bout de papier, ça ! Et j'ai jamais regardé. Il n'y est peut-être même pas. Ma mère a peut-être fait écrire « père inconnu » !

— Alors, si ton certificat de naissance n'est qu'un bout de papier, qu'en est-il de ton code génétique ? Des gènes, c'est des petits bâtons microscopiques qu'on ne peut même pas voir à l'œil nu !

— Mais qui déterminent qui on est, comment on est, de quoi on a l'air. Ces petits bâtons, comme tu dis, c'est le code secret qui est la base de notre personne. J'ai regardé plein de vidéos sur YouTube à ce sujet.

— Et qu'est-ce que ça change, hein, que t'aies pas les gènes de Daniel ? Toi et moi, on n'a aucun gène en commun et on est des sœurs quand même !

Laura soupire en couvrant son front de sa main.

— J'ai pas envie de parler de ça. Tu réalises que ma mère m'a menti durant toutes ces années ?

— Oui, ça, j'avoue, c'est poche. Mais elle ne voulait que te protéger de tout ça. Elle était sûrement convaincue que Daniel était ton père. Tu lui ressembles aussi, t'sais. Et puis, ta mère t'adore, Laura. Si tu refuses de lui pardonner, je pense qu'elle va se rendre malade.

Ma sœur ne répond rien et se laisse tomber sur les coussins, son visage détourné pour ne plus me faire face.

— Écoute, je comprends que t'aies besoin de temps pour digérer cette nouvelle. Et je serai là pour toi. Si je venais d'apprendre que mon père n'est pas mon père, eh bien, je ne sais pas ce que je ferais. Alors, sache que je te comprends !

— Merci. J'ai pas besoin qu'on me fasse la morale sur ma réaction. J'ai besoin d'être seule, un peu, là. Est-ce que tu peux revenir tantôt ?

— OK, ma belle. Est-ce que t'as ton cellulaire ?

— Évidemment.

— Alors, fais-moi signe quand tu veux que je revienne, d'accord ?

— OK.

— Et Laura ?

— Oui ?

— Je t'aime.

— Je t'aime aussi.

Chapitre 32

Il n'y a personne au numéro que vous avez composé

Le vide.

Chapitre 33

Nez à nez

Lorsque je sors du placard, je trouve Xavier assis par terre, le dos contre le mur. Je manque trébucher sur ses pieds ! Il tient un bout de papier qui ressemble à une enveloppe, mais qui a été tellement manipulé et froissé qu'il est devenu difficile de dire ce que c'était réellement au départ.

— Xavier, qu'est-ce que tu fais ?

Sans me répondre, il pointe la serrure.

— Donne-moi le code, articule-t-il finalement.

À voir son visage si crispé et ses yeux humides, j'ai bien envie de l'aider à ouvrir le placard. Mais je me retiens.

— J'aimerais ça, mais je dois respecter le choix de Laura. Elle a besoin d'être seule. La nouvelle a été un choc.

— Penses-tu que ça ne l'a pas été pour moi ? Moi aussi, ma mère m'a menti ! J'ai perdu toutes ces années avec Daniel !

— Tu avais Stéphane, il était correct aussi, non ?

— Évidemment ! C'était un homme super, mais il m'a jamais protégé d'Élise comme Daniel l'a fait dès la seconde où Stéphane est mort. Elle m'a privé de tout ce que Daniel voulait faire pour moi !

Soupirant, je me laisse glisser le long du mur pour tomber assise à côté de Xavier.

— J'avais pas pensé à ça. Je veux dire à l'impact sur ta vie, à toi aussi. Tout ce que j'ai compris, avant que tu me parles, juste là, c'est que t'avais gagné un père et que Laura avait perdu le sien.

— Et moi, je viens peut-être de perdre la fille que j'aime le plus au monde. Je veux la protéger. J'ai besoin de savoir qu'elle va bien. Si elle souffre, je souffre en double, tu comprends ?

Trop émue pour émettre un seul son cohérent, je hoche la tête, une main sur la bouche.

— Pleure pas toi aussi…, me supplie Xavier.

Incapable de répondre, je secoue la tête.

— Tu peux descendre, moi je reste ici, finit-il par souffler.

Encore aux prises avec ma gorge gonflée d'émotions vives, je me relève pour emprunter le grand escalier qui mène au rez-de-chaussée.

Dans le salon blanc, Corentin et James sont assis dans des fauteuils, chacun occupé à pianoter sur son cellulaire. Le premier à relever la tête à mon arrivée, c'est James.

— Faut pas aller en haut pour l'instant, dis-je à l'intention des deux garçons.

Corentin continue à taper sur son cellulaire et n'émet qu'un petit « uhumm » en réponse à mes paroles.

— Coudonc, à qui est-ce que t'écris ?

— Tu ne veux pas le savoir, marmonne Corentin.

À cet indice, un seul nom me vient en tête : Lucien.

— T'as raison, je ne veux pas le savoir, dis-je.

Sans m'en dire plus, Corentin se lève et, sans quitter son iPhone des yeux, se dirige vers le bureau de son père, me laissant seule avec James.

— Qu'est-ce qui se passe en haut ? demande ce dernier.

Je le fixe quelques secondes avant de réagir.

— Ma sœur et son chum passent à travers une crise. Tu ne peux pas comprendre.

OK, c'est une réponse condescendante de ma part. Mais James, qui m'a ignorée depuis la fois où il est apparu chez moi comme un cheveu sur la soupe et que je lui ai fait savoir qu'il n'était pas le bienvenu, n'est pas du genre à pouvoir ressentir de l'empathie pour ce que vivent les autres.

Il quitte son fauteuil et se plante devant moi, ses sourcils froncés et interrogateurs. Puis, il lève sa main et me touche la joue, juste sous l'œil gauche. Frottant l'index qui a ramassé ma larme avec son pouce, il me lance un regard sombre.

— Pourquoi t'as pleuré ? demande-t-il.

Sa façon de me poser la question n'est pas exprimée comme s'il était inquiet de la raison qui m'a poussée à verser quelques larmes. Non. C'est plutôt une question technique, du genre : tes glandes lacrymales ont sécrété des larmes, comment ça se fait ?

— Pour rien, tu ne comprendras pas, James.

Il croise les bras et lève le menton d'un air de défi.

— Essaie, pour voir !

— OK… tu l'auras voulu ! Il y a un gars en haut qui aime tellement ma sœur qu'il est prêt à dormir dans le corridor directement sur le plancher pour s'assurer qu'elle va bien. Ça m'a émue, dis-je en levant les bras. L'amour comme ça, ça me cause des émotions qui me font pleurer ! T'es content ?

— OK… c'est ridicule, mais OK. Je comprends que le gars – comment il s'appelle déjà ? Xavier ? – est amoureux de Laura et veut faire le martyre à la porte parce qu'il se sent coupable de quelque chose, sur quoi il a aucun contrôle. Et ta Laura, elle, le laisse moisir sur le plancher pour être sûre que tout le monde sache qu'elle vient d'avoir un choc. C'est beau, l'amour, hein ? Wow.

Des mots insensibles venant du gars le plus froid du Québec ! Le pire, c'est que James a un visage séduisant. S'il était un humain normal, c'est-à-dire avec des émotions, il serait un véritable charmeur.

— Oh, arrête de parler, James. Tu vois ? Je le savais que tu réagirais comme ça !

J'essaie de le contourner pour aller me chercher quelque chose à boire à la cuisine, mais il fait un pas de côté pour me bloquer le chemin.

— J'aime pas que tu pleures, dit-il avec la mâchoire serrée.

— Eh bien, *too bad* ! Je pleure souvent. Je suis une machine à larmes. Je regarde une publicité avec des chatons et je pleure. Si t'aimes pas que je pleure, tu ne devrais plus me regarder. Et puis… je pensais que tu ne me parlais plus ! Ça fait deux semaines que tu m'évites, pourquoi t'as pas continué ? Et puis, qu'est-ce que tu fais ici ? C'est même pas ton chauffeur qui nous a ramenés, c'est celui des Cœur-de-Lion ! T'avais pas besoin d'embarquer !

— Tu m'en as pas empêché.

— J'étais déconcertée par la situation. J'ai oublié que t'étais là.

Les yeux de James viennent de faire un soubresaut. L'aurais-je donc atteint là où ça fait mal ? Aurait-il eu une émotion ?

Il me fixe quelques secondes et j'attends sa réplique cinglante, mais elle ne vient pas. Ses yeux bruns plongent vers ses pieds ; il tient ses bras croisés sur sa poitrine. Zut. J'ai peut-être été trop méchante. Des fois, il m'irrite tellement que j'oublie qu'il peut gâcher la vie de Maddox. Même s'il s'agit de James-le-sans-cœur, je suis censée être plus mature que cet énergumène invivable.

— Je m'excuse. J'ai été méchante.

— Non, non… ça va. Je préfère que tu me dises ce que tu penses vraiment. Les gens ont tendance à ne pas le faire avec moi.

— Tu ne vas pas faire de mal à Maddox si je te dis tout ce que je pense de toi ?

— Il peut faire du mal à Maddox ? fait une autre voix.

Oh non ! Xavier a descendu les marches sans que je l'entende s'approcher ! J'étais si convaincue qu'il resterait en haut que je n'ai pas fait attention.

— Non ! dis-je rapidement.

— Oui ! fait James. J'ai rien à cacher, même pas à cet imbécile.

— Imbécile ?

Oh yoyoye ! Il n'en faut pas plus pour que Xavier s'approche de James et se plante devant lui, nez à nez. Ou plutôt, nez à bouche, parce que Xavier est un peu plus grand que James.

Il ne faut pas qu'ils se battent ! Xavier pratique la boxe, il peut être dangereux !

— T'es le con du collège avec un père encore plus con que toi, c'est ça ? Celui qui menace mon ami de lui gâcher la vie ?

Aux yeux noirs et menaçants que Xavier lui fait, James devrait ramollir. Il ne doit pas savoir quelle sorte de batailleur il a devant lui.

— James, recule ! T'as pas tes gardes du corps. Xavier peut vraiment te faire mal.

— Tu devrais l'écouter, dit Xavier en serrant la mâchoire.

— James ! S'il te plaît !

Pourquoi est-ce que je pleure encore ? Je ne devrais pas verser de larmes pour cet imbécile ! S'il veut se faire casser la gueule, pourquoi je l'en empêcherais ? Pour Xavier, voilà pour qui. Parce que si ce dernier frappe James, il sera dans de beaux draps. Personne ne peut toucher à un Crown sans en payer le prix. Et adieu la bourse de Maddox !

Mais soudain, quelque chose d'inattendu se passe. Ça doit être à cause de ma voix. James se retourne pour me regarder et lorsqu'il voit mes larmes, il expire lentement. Puis, il lève les mains et recule, exactement comme je le lui ai demandé.

Il n'aime pas quand je pleure. C'était donc vrai ?

Pas juste parce que ça l'agace ?

Xavier ne prend même pas la peine d'esquisser un sourire vainqueur. Il se retourne vers moi et observe mes cheveux, que j'ai relevés en chignon à l'aide d'un élastique et de quelques épingles. Lorsqu'il tire une épingle de ma coiffure et repart à pas rapides vers l'escalier, je devine qu'il est en mission !

Chapitre 34

On sera nous

Dans le noir, sans repères, on perd la notion du temps, surtout lorsqu'on a dormi. Je me réveille au bruit d'un clic-tic-clic qui semble venir de la porte. Complètement désorientée, je ne sais plus où je suis ni quel jour on est. Le clic-tic-clic continue, puis, je sens un petit courant, accompagné de lumière qui se reflète sur le mur au fond du placard. Je suis couchée sur le côté, dos à la porte.

Je croyais que Marie-Douce attendrait que je l'appelle avant de revenir. Elle est peut-être trop inquiète. Je le serais aussi. Lorsqu'elle s'approche sans dire un mot et me prend dans ses bras, j'en perds mon souffle. Ce n'est pas Marie-Douce.

— Shhh... Dis rien, OK? J'ai juste besoin de te savoir en sécurité.

La voix de Xavier est si douce et pleine d'émotion que je ne peux faire autrement que de me détendre contre lui, son menton appuyé sur le dessus de ma tête, ses doigts entrelacés aux miens. Je pleure encore, mais j'essaie de contrôler mes mouvements. Je ne veux pas qu'il le sente.

— Je suis désolé, Laura...

— Shhhh, fais-je à mon tour.

— Je t'aime tellement... c'est pas ce que je souhaitais.

— Je sais.

Je finis par me retourner pour lui faire face. Dans le noir complet, je ne peux deviner où se trouve son visage qu'au bruit de sa respiration. Mon front est à la hauteur de son cou, où j'enfouis mon nez. Sa main couvre ma nuque et nous restons comme ça.

— Je pense qu'ils dorment, fait la voix de Corentin, me sortant d'un rêve dans lequel je fuguais de la maison vêtue seulement de mes sous-vêtements.

— Il est tard, ils ne peuvent pas passer la nuit là, fait la voix de Miranda de plus loin.

Aveuglée par la lumière du couloir, je relève la tête. Xavier se tourne en même temps que moi.

— Les amis… il faut vous lever! chantonne Corentin.

— *Man*, chante pas, grogne Xavier. On va sortir.

Il se lève lentement en se frottant les yeux. J'en fais autant, alors qu'il me tend la main pour m'aider à m'extirper des coussins moelleux.

— Laura, est-ce que tu veux coucher ici ? demande Miranda.

— Oui, j'aimerais mieux ça.

— Comme si t'avais besoin de le lui demander! ricane Corentin.

— Je voulais juste le savoir pour avertir sa mère, répond Miranda.

À la mention de ma mère, mon corps se tend et Xavier, qui tient encore ma main, l'a senti.

— Une chose à la fois. T'as pas besoin de parler à ta mère ce soir, souffle-t-il à mon oreille.

Oh, mon Dieu! Je l'aime tellement.

— De toute façon, j'en serais incapable.

— Moi, je vais partir. Je dois discuter avec Daniel. On n'a pas encore pu se parler depuis, euh… tantôt.

— Tu peux dire « mon père », t'sais, dis-je en grinçant de l'intérieur.

Xavier fronce les sourcils en couvrant mes joues de ses mains.

— Hé, tu sais quoi ? Daniel sera Daniel et nous, on sera nous, OK ?

— C'est pas très clair, mais OK, dis-je tout bas. À demain.

— À demain, répète-t-il.

Une fois Xavier parti, Corentin me tend les bras et je m'y élance sans réserve.

— La vie est tellement *weird*, dis-je en me détachant de son étreinte.

Lorsque nous entrons dans la chambre que je partage avec Marie-Douce, je suis surprise qu'elle n'y soit pas.

— Où est-elle ?

— Marie-Douce ? En bas, avec nul autre que James Crown !

À cette information, je cligne des yeux.

— Le vrai ?

— Le seul et unique. Il est sympa, tu vas voir.

— Mais… il va dormir ici et tout ?

— Dans la chambre d'amis, dit Corentin.

— T'as l'air content ! Pourtant, selon ce que Marie-Douce m'en a dit, c'est pas un gars très *cool.*

— Disons qu'on a quelques points en commun, lui et moi. On se comprend.

— Ah oui ? Comme quoi ?

— T'es sûre que tu veux parler de mes affaires ce soir ?

— Ça me changerait les idées.

— OK, alors pour les points communs : on a tous les deux un père célèbre, c'est déjà beaucoup.

— C'est vrai, j'avais pas vu ça sous cet angle.

— Il faut dire que t'as pas eu à y penser non plus. Mais Laura, moi, j'ai une question pour toi. T'as pas à y répondre, je veux juste que tu y réfléchisses, OK ?

— Tu m'inquiètes, mais vas-y avec ta question…

— Si tu avais le choix entre être la fille biologique de Daniel St-Amour et la demi-sœur de Xavier ou pas la fille de Daniel, mais pas non plus la demi-sœur de Xavier, tu choisirais quoi ?

Ouille. Cette question, c'est la meilleure. Et pour l'instant, j'ai du mal à y voir clair.

Chapitre 35

L'énergumène

Xavier nous laisse seuls, James et moi, et nous demeurons silencieux de longues minutes, moi vautrée dans un coin du sofa, lui dans un fauteuil. La télévision murale diffuse les nouvelles de TVE. Lorsque l'annonceur de la météo apparaît à l'écran, je suis à la veille de m'endormir. Mon cellulaire ne m'a pas quittée depuis que j'ai laissé Laura dans le placard d'urgence. Elle ne m'a pas contactée. De toute façon, je soupçonne Xavier d'avoir eu l'intention de trafiquer notre serrure avec mon épingle à cheveux. A-t-il réussi ? Je le saurai bien assez vite, mais j'espère que oui.

— Cette tempête va durer deux jours et les précipitations atteindront jusqu'à quarante centimètres, remarque James.

Les bras et les jambes croisés, je fais comme si je n'avais pas entendu. *Dang !* Quarante centimètres de neige, c'est une méga-tempête. Du genre que tu ne prends pas la route même avec le meilleur des bolides. Ça signifie que James est pris ici jusqu'à dimanche au moins. Ou plutôt : JE suis prise avec lui pour toute la fin de semaine.

— Tu sais qu'en passant la fin de semaine ici, tu vas revoir Xavier.

— Rien à foutre.

— Est-ce que tu sais qui est Xavier ?

— Le gars de tantôt ? C'est l'ami de Maddox. Je sais tout sur tout le monde, douce Marie. Ou presque !

Mais pourquoi est-ce que tu me poses des questions stupides ?

Grrr ! Il va me faire gagner mon ciel, l'énergumène !

— Pourquoi t'es venu ?

James fait un petit sourire en haussant les épaules.

— Non, sérieusement, James. J'aimerais vraiment le savoir ! D'ailleurs, est-ce que tes parents et ton équipe de gardes du corps savent où tu es ?

— Pas vraiment…

Sa réponse, ainsi que son expression, mettent tous mes sens en alerte. Le fils de Reynald Crown est ici en cachette !

— Mais ça ne va pas te causer des problèmes ?

James croise à son tour les bras sur sa poitrine, l'air faussement songeur.

— Sûrement.

Ses réponses évasives commencent à m'inquiéter.

— Quoi ? Est-ce qu'ils vont penser que t'as été kidnappé, ou quelque chose du genre ?

— C'est possible. Et avec la tempête, ça va leur rendre la vie difficile. C'est un miracle qu'on se soit rendus jusqu'ici. T'as vu toutes les sorties de route ? Tssss ! Quelle tristesse !

D'un geste vif, je saisis mon cellulaire et cherche le numéro de madame Lessard. J'ai dû le conserver dans mes contacts du temps où elle me donnait encore des cours privés.

— Qu'est-ce que tu fais ? demande James.

— Un appel pour dire où t'es !

Je ne savais pas que James était capable de bouger si rapidement. En une fraction de seconde, et bien avant que j'aie eu le temps de cliquer sur le bouton pour appeler la directrice du collège, mon iPhone est captif des griffes de James.

— Hé ! Donne-moi mon téléphone !

James est peut-être un peu moins grand que Xavier, mais il me dépasse tout de même de plusieurs centimètres. C'est donc facile pour lui de mettre mon iPhone hors de ma portée. Je pourrais lui faire une prise de karaté, mais il est trop solide et mes habiletés ne sont plus ce qu'elles étaient. Je risque de me faire mal au dos.

Je n'ai aucune envie de sauter comme une nouille autour de lui pour tenter de reprendre mon cellulaire. Je décide donc de me rasseoir. Qu'il cherche ce qu'il veut sur mon téléphone, je m'en fiche. Je n'ai rien à cacher.

— T'auras ton téléphone demain, m'annonce-t-il.

— Pourquoi est-ce que tu fais ça ?

— Quoi ?

— Causer des problèmes ! Ce que tu fais-là, c'est rien de moins qu'une fugue d'enfant gâté !

— Et alors ? C'est la première fois.

— C'est encore pire ! Si c'est pas dans tes habitudes, ils vont déclencher une alerte. Je vois ça d'ici : le fils de Reynald Crown a disparu !

— Ouais, c'est possible. Si ça arrive, mon père devra réagir. Tu sais, se rappeler qu'il a un fils…

— T'es sérieux ? C'est l'attention de ton père que tu veux ? Mais dis-moi, James, ça fait combien de temps qu'il ne t'a pas adressé la parole ?

— On est quelle date ? demande-t-il.

— Le 5 février.

— Alors demain, ça fera trois mois.

— En novembre ? ! Il t'a pas parlé à Noël ?

— J'ai passé Noël avec Joël, le garde du corps que t'as vu dans ma chambre au collège.

— Et ta mère ?

— Hawaï.

— Pourquoi tu y es pas allé ?

— J'ai des problèmes quand je prends l'avion. Je préfère éviter.

— Ah… mais elle aurait pu choisir une autre destination, non ? Un endroit où c'est possible de se rendre en voiture ?

James me lance un regard incrédule, sourcils levés, front plissé. Je remarque que sa main gauche tremble, il n'a pourtant pas l'air nerveux. Il a dû me voir regarder ses doigts parce qu'il serre le poing et le cache dans sa poche de pantalon. Mmmm, bizarre… Momentanément déconcentrée par son tremblement, je secoue la tête.

— Quoi ? C'est vrai, reprends-je avec hâte. Mon père n'aurait jamais… Zut, je suis désolée. On ne peut pas comparer nos parents. Je suis sûre que les tiens ont de belles qualités.

— Oui, c'est ça. De très, très belles qualités, dit-il en riant tristement.

— OK, je comprends ce que tu veux faire. Tu peux me redonner mon cellulaire, j'aviserai personne de ta présence ici. Tu peux me faire confiance.

James se laisse choir sur le canapé, à environ trente centimètres à ma gauche, et il me redonne mon téléphone. Ah ! Je me sens mieux.

Chapitre 36

Qu'est-ce qui est vraiment important ?

Lorsque j'ouvre un œil, vers 9 heures du matin, je suis désorientée. Ça faisait longtemps que je n'avais pas dormi ici. Marie-Douce est déjà levée et elle a même fait son lit. Je n'ai rien entendu ! A-t-elle même dormi ici ? Je suis tombée dans les bras de Morphée avant qu'elle monte pour gagner son lit, alors tout est possible.

Avant de me coucher, j'ai longuement jasé avec Corentin. Il m'a fait voir les choses sous différents angles, me faisant réaliser la chance que j'ai de ne pas être la demi-sœur de Xavier et d'avoir plein de parents qui m'aiment, y compris Valentin, Miranda, Martine, Hugo et, évidemment, Daniel et ma mère. Ce n'est pas une question de génétique, m'a-t-il répété plusieurs fois. Au fond, nous sommes une grande famille recomposée.

Il m'a même presque convaincue que le fait que Xavier est le vrai fils de celui que j'ai toujours connu comme étant mon père allait nous rapprocher. Ça deviendra encore plus compliqué si jamais on se sépare, ai-je argumenté.

— Vous deux ? Toi et Xavier ? Vous allez peut-être vivre des séparations, mais je ne vois pas le jour où une autre fille pourra te remplacer dans son cœur, ni un autre gars dans le tien. Je ne m'imagine pas comment ça pourrait arriver, Laura, a-t-il affirmé avec ardeur.

Les mots de Corentin m'ont fait du bien, même quand il m'a parlé de ma mère, contre qui je suis présentement très fâchée.

— Je me souviens de vous deux dans votre petit appartement de la rue Bourget. Elle dormait sur le canapé dans le salon pour que tu aies ta chambre. Je n'avais jamais vu une mère aussi dévouée pour sa fille. Nathalie avait aucune intimité, ses affaires étaient dans des boîtes. Ses vêtements, ses livres, tout ! J'ai passé des heures chez vous et jamais elle ne se plaignait de quoi que ce soit. Et elle te regardait toujours avec tellement de tendresse et de fierté. Elle est encore comme ça, avec toi. Pour ce qui est de ton père, elle était pas certaine à cent pour cent qu'il s'agissait de Daniel, mais t'as vu comme tu lui ressembles ? C'est fou ! Et pourtant… c'est pas lui ton géniteur. Et alors ? C'est lui qui a été là depuis le début.

— Mais mon vrai père… il ne sait même pas que j'existe.

— Alors comment peut-il être ton « vrai » père ?

— Tu sais ce que je veux dire, Corentin.

— T'as qu'à demander à ta mère. Je suis sûr qu'elle a hâte de t'expliquer ce qui s'est passé et pourquoi elle a pris cette décision vous concernant, Daniel et toi.

Les mots de Corentin repassent en boucle dans mon esprit. J'en ai même rêvé. J'ai aussi rêvé de Xavier. Quand il est entré « par effraction » dans le placard, il m'a tellement calmée. C'était comme si, tout à coup, l'univers entier reprenait sa forme et sa place.

Mon cellulaire se fait entendre. Lorsque je regarde l'écran, mon cœur s'arrête. J'ai une vingtaine de messages textes et quatre messages vocaux. Après vérification, je ne suis pas surprise de voir qu'ils proviennent de ma mère, d'Hugo et de mon père. J'en ai même de Marie-Douce, qui m'assure avec ferveur être en chemin vers Vaudreuil-sur-le-Lac, bravant la tempête pour se rendre jusqu'à moi.

Marie-Douce, ma sœur sans lien génétique. Elle est tout de même ma sœur, non ? Voilà un autre fait solide qui me fait réfléchir.

Et si Daniel ne veut pas continuer à être mon père, même si moi, je suis prête à ignorer ce maudit test ? J'en aurais vraiment le cœur en mille miettes.

Chapitre 37

Laura + James = désastre

J'ai dormi tout habillée sur le grand sofa et, ce matin, en ouvrant les yeux, je me rends compte que mes pieds sont sur les cuisses de James Crown ! Lentement, et en faisant attention de ne pas le réveiller, je replie mes jambes pour toucher le sol du bout des orteils. Il dort encore, en position assise, la tête penchée vers l'arrière sur le coussin. Il va avoir des courbatures quand il va se lever. Ouille ! C'est mon cas aussi, mais au moins, j'avais les jambes allongées, contrairement à lui !

— Marie-Douce ?

C'est Laura qui vient de descendre. Elle est encore en pyjama et ses cheveux bruns vont dans tous les sens.

— Laura ! Est-ce que ça va mieux ?

Ma sœur hoche la tête et pointe James d'un air curieux.

— Est-ce que c'est lui, James Crown ? Il ne ressemble pas aux photos que j'ai vues sur internet.

D'un index sur les lèvres, je lui fais signe de baisser le ton pour ne pas perturber le sommeil de James. Je fais oui de la tête et les yeux de Laura deviennent ronds comme des billes.

— T'as passé la nuit avec lui ! chuchote-t-elle avec énergie.

— J'ai pas fait exprès. On s'est endormis en écoutant la télé.

La preuve, c'est que le téléviseur mural est encore allumé sur le canal des nouvelles. Laura regarde dans la même direction et, comme si c'était prévu, à cet instant, une photo de James et de moi à son bras, prise lors de la soirée de charité de madame Crown, apparaît sur l'écran.

— *On nous avise à l'instant qu'une recherche est entamée pour retrouver le jeune James Crown, fils du politicien Reynald Crown. Sa mystérieuse disparition a été signalée plus tôt ce matin par le service de sécurité engagé pour veiller sur le jeune homme…*

— Wô ! Marie-Douce ! Il faut appeler la police tout de suite !

— *Nous avons contacté Reynald Crown, qui n'avait aucun commentaire à nous donner.*

— Aucun commentaire du père de James…, dis-je pour moi-même.

— Il fallait s'y attendre, fait une voix masculine en bâillant.

C'est James lui-même qui vient de parler. Il a entendu ce que je viens de marmonner. Dépassée par la situation, je me laisse choir sur le canapé à une distance raisonnable du « disparu ».

— Ç'a pas l'air de t'énerver, cette nouvelle…

— Bah ! J'ai qu'à faire un seul appel et ils vont venir me chercher.

Laura, toujours debout près du sofa, s'énerve.

— Allô ! Moi, c'est Laura, la sœur de Marie-Douce. Peux-tu, s'il te plaît, faire ton appel et partir avant de causer des problèmes aux parents de Marie-Douce et de Corentin ?

— Enchanté, Laura. Alors, t'as retrouvé ton père ? Ah, non, attends… c'est pas vraiment ton père finalement ! dit James en la pointant du doigt.

Ses yeux bruns grands comme des trente sous, Laura pose son regard maintenant plein de colère sur moi.

— Marie-Douce, penses-tu qu'on peut balancer ce trou de cul dans un banc de neige sur le bord de la route ?

Je suis d'accord avec Laura. James est vraiment invivable. Il mérite la claque que je lui assène sur l'épaule.

— T'es donc ben cave ! Excuse-toi auprès de Laura tout de suite !

James rigole un peu, affichant son air déplaisant.

— Excuse-moi, Laura. C'était insensible de ma part, articule-t-il sans sincérité.

Laura me dévisage encore.

— Vraiment, Marie-Douce ? T'as laissé ÇA entrer chez nous ?

— C'est pas chez vous, ici, Laura…, dit James.

— Qu'est-ce que t'en sais, han ?

— Je sais pas mal tout, l'informe-t-il en plissant le nez avec un sourire complaisant.

— Marie-Douce ! SÉRIEUSEMENT ! À quoi t'as pensé ?

— Il nous a suivis dans la voiture. J'étais pressée de venir à ta rescousse… j'ai à peine remarqué qu'il avait fait toute la route avec Corentin et moi !

— Comment t'as pu ne pas remarquer ÇA !

— Hé, je ne suis pas un « ça », je suis un humain, fait James d'une voix tranquille.

— Ça peut être débattu ! rétorque Laura en haussant la voix.

Puis, Corentin apparaît à son tour, vêtu d'un bas de pyjama à carreaux et d'un t-shirt blanc. Ses cheveux, comme ceux de Laura, sont placés n'importe comment. Il se frotte un œil et s'étire les bras vers l'avant, une fois arrivé sur la dernière marche.

— C'est quoi ce boucan ! Laura, pourquoi tu cries ? Ah, salut James ! dit-il en s'approchant de ce dernier pour lui serrer la main comme s'ils étaient de vieux copains.

— Ça, c'est ton ami ? demande Laura à Corentin, encore plus traumatisée.

— Oui, pourquoi ?

Ma sœur croise les bras sur sa poitrine en serrant les lèvres.

— C'est un épais. Et il est recherché par la police.

— Par la police ? s'étonne Corentin, impressionné.

— Plutôt par mon service de sécurité, mais qui s'en fait avec les détails, hein? susurre le fils de Reynald Crown.

— *Oh, my God!* fait Laura en levant les deux bras en l'air.

— Dieu n'a rien à voir là-dedans, Laura, rigole James.

Bon, c'est assez. Si je n'éloigne pas ma sœur du salon, elle va dépecer l'héritier Crown.

— OK! Laura, je pense qu'on peut laisser les gars s'arranger ensemble. Viens, allons en haut.

Chapitre 38

Interdiction !

Maman
Laura, je dois absolument tout t'expliquer! Appelle-moi s'il te plaît!

Papa
Laura, tu seras toujours ma grenouille. Appelle-moi, je t'en prie.

Maman
Je sais que t'as besoin de réfléchir, je comprends très bien. Je suis là dès que tu te sens prête. Je t'aime xxx

Papa
J'ai déposé Xavier chez les Cœur-de-Lion. Il t'aime, ne le boude pas. Il n'a rien fait de mal. Je t'aime.

Martine
Je te comprends, c'est une situation difficile. Si tu as besoin de parler, je suis là.

Maman
Laura, réponds-moi…

Hugo
Je serai là pour toi, je t'aime comme ma fille. Réponds à ta mère, s'il te plaît. Elle est démolie. Xxx

— Je pense que ça serait gentil d'appeler ta mère, Laura, souffle Marie-Douce après que je lui ai fait lire ma tonne de messages.

Juste à y penser, j'ai un blocage dans la gorge.

— C'est pas si simple… Je suis engourdie et en état de choc. Je sais qu'elle a pas voulu mal faire… Et

Daniel aussi savait depuis longtemps que j'étais peut-être pas sa vraie fille.

— Qu'est-ce qui te fait dire ça? demande ma sœur.

Nous sommes toutes les deux sur mon lit (enfin, celui que Miranda a eu la bonté de m'installer dans la chambre de sa fille), épaule contre épaule, appuyées sur mes oreillers. Nous avons pris une douche à tour de rôle et nous sommes habillées et peignées. Je suis affamée, mais tant que le troll (James Crown) est encore ici, je refuse de descendre. Hors de question que je coure le risque de le croiser!

— Facile: il n'était pas en colère contre ma mère. Si ça avait été une surprise pour lui, il aurait capoté solidement. Et d'aussi loin que je me souvienne, Daniel avait du mal à être affectueux avec moi. Il était toujours un peu distant. Il laissait ma mère me discipliner. Je l'adorais un peu de loin, tu vois? J'ai toujours pensé que son attitude était due à ce qu'il vivait lors de ses missions militaires, mais je commence à comprendre: ma mère l'avait averti et il doutait tout ce temps de notre lien.

— Ça ne veut rien dire! s'oppose Marie-Douce. Souviens-toi de quand tu as rencontré Fred, la première fois. Daniel t'a dit qu'il t'aimait et t'a serrée dans ses bras. Depuis ce jour-là, votre relation est beaucoup plus chaleureuse. Je le vois dans ses yeux quand il te regarde.

— Il regardait Xavier avec un tout autre air, dis-je en soupirant. C'est comme s'il était la huitième merveille du monde. Tandis que moi…

— Écoute, me coupe Marie-Douce, Xavier est arrivé dans vos vies avec un bagage de malheurs incroyables. Il a été négligé, manipulé, il a fugué plusieurs fois et il a vécu dans une maison insalubre. Celui qu'il croyait être son père venait de mourir… Daniel était un héros avec une cape rouge qui venait le sauver de sa vie misérable. C'est normal que leur relation soit différente de la vôtre. Et tu l'as accepté dans vos vies même s'il était vraiment, disons… difficile à aimer.

— C'est vrai que Xavier était désagréable. J'ai été une sainte, avoue ! Il trouvait toujours le bouton sur lequel appuyer pour me faire fâcher.

— Un peu comme James sait le faire… ajoute ma sœur en souriant.

— Ah non ! James est un vrai démon. Rien à voir. Franchement ! Tsss ! Comparer James à Xavier. Non, juste non.

— Je ne veux pas défendre James… Il me rend folle, moi aussi. Cela dit, je commence à comprendre que sa vie est difficile. Il a les cernes sous les yeux pour le prouver ! Je mettrais ma main au feu qu'il fait beaucoup d'insomnie. Ça n'excuse pas sa méchanceté, mais je crois qu'il cache beaucoup de douleur, soupire Marie-Douce.

Les mots de ma sœur, son ton de voix et son expression me poussent à scruter son visage avec attention.

— Marie-Douce, tu me fais peur, là.

— Hein ? Pourquoi ?

— Tombe pas amoureuse de James. C'est pas juste un gars qui fait pitié : c'est le diable en personne !
Ma sœur s'esclaffe en se tapant sur les cuisses, mais son rire sonne faux. Forcé, même.

— Marie-Douce !

— Il aime pas que je pleure, me confie-t-elle.

— Marie-Dooooouce ! C'est NON !

— Ben non, t'en fais pas, Laura. De toute façon, je suis immunisée contre l'amour pour un bon bout de temps.

— T'as encore Lucien dans le cœur, han ?

— Ça se voit tant que ça ?

— J'aurais pas cru dire ça un jour, mais je suis contente que tu sois en peine d'amour.

Chapitre 39

Une autre façon de dire bonjour

Je tape le nom de Lucien Varnel-Smith sur Google tous les jours. Je sais, je ne devrais pas faire ça, mais c'est une façon de tenir le coup. Un peu comme les gens qui cessent de fumer graduellement, je prévois me discipliner à tenir deux jours sans googler son nom, puis trois jours, puis quatre... jusqu'à ce que j'en vienne à n'être informée à son sujet que par hasard.

Selon les derniers articles, il a annoncé son voyage. Les médias disent qu'il est imprudent, mais applaudissent ses bonnes intentions. On le qualifie de « jeune humanitaire » qui fera de grandes choses, s'il survit et s'il continue dans le même sens. Les *fans* ont peur pour sa vie. J'ai vu des vidéos d'adolescentes en pleurs parce qu'il allait risquer sa peau. Certains journalistes ont aussi fait ressortir les actions de son passé, dont le sabotage de la messagerie vocale de la mairie de Paris, il y a environ deux ans. Bref, internet regorge de reportages à son sujet. Même si j'essayais de l'éviter, mon fil d'actualité Facebook (J'ai finalement créé un vrai profil sur Facebook avec mon vrai nom ! Mon père a d'abord hésité, puis il a lâché prise parce que j'ai l'âge minimal requis.) est rempli de nouvelles à son sujet. D'accord, c'est un peu normal puisque je suis abonnée à la page officielle des Full Power et à sa page d'artiste. Ha ! Ha ! Je ne me désabonnerai jamais. À moins qu'il annonce qu'il a une nouvelle blonde. Là, ça sera différent.

Donc, oui, je suis en « peine » d'amour, mais sans l'amertume que j'avais ressentie la fois de la lettre maudite. Nous nous sommes séparés avec émotion et avec la promesse de nous revoir. La vie doit continuer. Cependant, si, dans deux ans, nous ne sommes pas en mesure de nous présenter au rendez-vous que nous nous sommes fixé, alors j'aurai vraiment l'impression d'avoir perdu vingt-quatre longs mois à me morfondre. Dans la vie d'une fille de quatorze ans, c'est long.

Il faut que la vie continue, que j'apprenne à connaître d'autres gens. Comme James Crown, par exemple ? Peut-être bien. Mais de là à avoir des sentiments pour ce dernier ? Nooooon ! Laura est vraiment dans les patates. James Crown, il peut causer des émotions, ça oui ! Et la plupart du temps, pas des bonnes. De très mauvaises même. Il est le genre de personne à faire exprès pour être détesté. Pas ignoré, haï. N'a-t-il pas tout fait pour que Laura et Xavier veuillent lui arracher la tête dès les premières secondes de leurs échanges ? Pour James, frapper là où ça fait mal, c'est une façon comme une autre de dire bonjour.

Une seule exception à cette règle : Corentin. Avec ce dernier, James a été *cool*, du moins après leur premier échange, durant lequel on aurait dit deux coqs qui se mesuraient l'un à l'autre. Ça n'a pas été long pour qu'ils finissent par bien s'entendre. Ils se textent souvent, en plus ! C'est incompréhensible. Encore là, je le soupçonne d'utiliser Corentin comme un allié utile dans ses plans machiavéliques me concernant. C'est évident qu'il cherche à entrer dans ma vie d'une façon ou d'une autre. Pourquoi ? Je ne le sais pas. La première hypothèse, c'est qu'il est en manque de vrais amis. La seconde serait qu'il est tout simplement fait comme ça : pourri par en dedans. Mais j'ai de la difficulté à croire qu'il soit tout simplement méchant. Évidemment, si ses parents le traitent comme un pion dans le but de faire mousser leur popularité et non comme leur fils, ça peut ruiner son âme...

Dehors, il neige encore. Il est presque midi et James n'a pas encore passé l'appel qui fera cesser les recherches. Laura et Xavier sont partis dîner chez Martine et Daniel. J'étais soulagée de voir un sourire sincère sur le visage de ma sœur. Elle n'a toujours pas communiqué avec sa mère, mais aller voir Daniel est déjà un grand pas pour elle. Je remercie intérieurement Xavier de veiller sur Laura avec autant de délicatesse. Jamais je n'aurais cru qu'un jour, il serait aussi mature et qu'il aimerait autant Laura. Ça me donne espoir pour James en tant qu'être humain. On peut changer : Xavier en est la preuve.

— Marie-Douce ! Viens manger !

C'est Miranda qui vient de m'appeler d'en bas. Je sais que Gisèle, la cuisinière, est là parce que j'entends sa voix parmi celles de ma mère, de Valentin, de Corentin et de James. Lorsque je descends, je suis surprise (mais je ne devrais pas l'être) par le festin alléchant étalé sur la grande table. Normalement, nous aurions simplement pris notre repas au comptoir. Mais je comprends vite la raison de toute cette mise en scène.

— Marie-Douce, prends la place à côté de James, m'ordonne Miranda d'une voix faussement légère.

Ah ! Bien sûr. Nous y voilà encore.

James est un bon parti.

Mais quelque chose m'étonne. Miranda et Valentin n'ont-ils pas regardé les nouvelles ? La face de James est partout sur mon fil d'actualité Facebook. Ils vont flipper quand ils vont s'en rendre compte ! Cela dit, ça ne me surprendrait pas que ma très chère mère soit parfaitement au courant de ce qui se passe et qu'elle garde délibérément Valentin dans l'ignorance. Elle peut être sans scrupule quand elle cherche à mener à bien ses petits plans… et Dieu sait ce qu'elle nous réserve, à James et à moi.

— Madame Cœur-de-Lion, je vous remercie pour ce bel accueil, dit James en me faisant un clin d'œil.

Je suis convaincue que ces deux-là sont de connivence. J'entends encore la voix de Laura : « C'est un démon ! »

Elle a peut-être raison.

Chapitre 40

Visite surprise

En ce dimanche matin, je suis encore chez les Cœur-de-Lion. Je n'ai pas contacté ma mère, mais j'ai permis à Martine de lui dire que j'allais mieux et que je reviendrais à la maison aujourd'hui.

Notre repas en « famille » d'hier chez Daniel (ça me fait tout drôle d'utiliser son prénom ; j'ai envie de pleurer chaque fois) et Martine s'est relativement bien passé, considérant les circonstances. Je n'ai avalé que trois bouchées de la super lasagne de Martine tellement ma gorge était serrée. Personne n'a fait de commentaire et à la fin du repas, toutes les assiettes étaient à peine entamées. Heureusement que bébé Fred était là pour animer le dîner. Avec ses « Ppppttt » et ses « Haaaa », elle nous a permis de porter notre attention sur elle et de rire un peu.

— On va trouver notre, euh… dynamique familiale avec le temps, nous a promis Daniel d'une voix enrouée par l'émotion lors d'un moment de silence. Pour l'instant, je suis seulement heureux d'avoir pu revenir de mission et de vous retrouver.

Xavier a pris ma main sous la table pour la serrer dans la sienne. Martine s'est éclairci la gorge avant de se lever pour desservir. Me libérant de la poigne de Xavier, je me suis empressée de l'aider. Sans se vexer ni broncher, Xavier a pris Fred dans ses bras (sa vraie petite sœur !) et papa… euh, je veux dire Daniel, est parti vers la salle de bains sans dire un mot.

Bref, ce fut lourd, mais au moins, il n'y a eu aucun drame. J'imagine que Daniel a raison. Avec le temps, nous allons trouver de nouveaux repères et la vie va continuer.

Comme si ma vie n'était pas assez difficile par les temps qui courent, James « le démon » Crown est encore ici. Corentin l'a installé dans la chambre d'amis, non loin de celle que Marie-Douce partage avec moi. La situation commence à m'énerver. Il n'a pas encore donné signe de vie à ceux qui le cherchent et sa présence dans les médias ne fait que s'amplifier. Je me demande comment il se fait que Valentin et Miranda n'aient pas encore réagi. Ne regardent-ils donc jamais les nouvelles, ni même Facebook ? Logiquement, dès la minute où ils verront ce qui se passe avec James, ils auront un vilain choc ! Mais ce n'est pas moi qui vais les en informer.

James qui ? Connais pas, jamais rencontré de ma vie, aucune idée de qui il s'agit. Voilà ce que j'en pense, du nouveau *buddy* de Corentin.

— On dirait qu'il attend que son père se manifeste, suppose Marie-Douce, alors que nous sommes échouées sur les coussins blancs du sofa.

— Je ne sais pas de qui tu parles.

— Arrête, Laura… Tu sais très bien que je fais référence à James.

— Il est tellement cave… tsss ! Regarde-le, avec ses cheveux coupés comme les mannequins. Il se pense tellement beau… Ark !

OK, je ne le dirai jamais à haute voix, mais James EST beau. C'est juste que tellement de conneries méchantes sortent de sa bouche que ça le rend laid. Affreux, même.

— Sa fugue ne pourra pas durer jusqu'à demain, à moins qu'il aille ailleurs, dit Marie-Douce à voix basse.

Les gars sont assis au comptoir et jouent aux échecs sous l'œil scrutateur de Valentin. Ce dernier nous a d'ailleurs informés qu'il a déjà rencontré Reynald Crown lors d'un événement de charité. Il a même dit qu'il ne comprenait pas pourquoi l'homme est si controversé et détesté par la moitié des électeurs.

— C'est un homme charmant ! a-t-il déclaré.

Même James a eu une réaction d'étonnement face aux paroles de Valentin.

— C'est un politicien qui met dans sa poche tous les riches entrepreneurs qui profitent du système, a marmonné James.

À cela, Valentin s'est tu, embarrassé d'avoir fait les louanges d'un homme que même son fils ne respecte pas.

— J'en reviens pas qu'il ait dit ça, souffle Marie-Douce. Il l'a toujours défendu devant moi ! Je croyais qu'il était d'accord avec les façons de faire de son père !

— Comme quoi on peut juger trop vite, dis-je en me rendant compte que je viens de me mettre les pieds dans les plats.

— Exactement, fait Marie-Douce avec un sourire vainqueur. Tu devrais peut-être arrêter de tirer des conclusions aussi rapidement.

— Ah ! *Shut up !*

— Toi-même !

— Non, toi !

— Toi !

Nous en sommes au quatrième « toi ! » lorsqu'une sirène de police retentit dans la rue. Marie-Douce et moi nous figeons sur place. Dans la cuisine, Corentin et James se redressent. Valentin, quant à lui, ne réagit pas, puisqu'il n'est pas au courant de la situation.

Lorsque la sonnette de la porte retentit, je me lève et tire Marie-Douce avec moi.

— Disparaissons !

— Attends ! Je veux voir c'est qui !

— On regardera d'en haut !

Il y a un coin du grand escalier qui offre un angle de vue sur le hall d'entrée. Marie-Douce sait exactement de quoi je parle et ne résiste pas longtemps avant de me suivre.

Ce que nous entendons d'abord, c'est la voix d'un agent de police qui demande à Valentin si James

Crown est chez lui. Valentin est surpris de recevoir la visite de pas un, mais trois agents. Il les laisse entrer gracieusement dans le hall. Mais la porte ne se referme pas encore. Un autre homme, aux cheveux châtains grisonnant sur les tempes et vêtu d'un long manteau gris foncé, s'avance vers le salon.

— *Oh my God !* C'est Reynald Crown en personne ! dis-je en chuchotant vivement.

— Lâche mon bras, tu me fais mal avec tes ongles, Laura !

— Oups, désolée. Je me suis laissée emporter.

— C'est rien, je comprends pourquoi. Mais comment a-t-il trouvé où était James ?

— Peut-être avec le système de localisation de son téléphone ? dis-je.

— Est-ce que James serait suffisamment épais pour ne pas l'avoir désactivé ?

— Depuis hier que je te dis qu'il est cave, le gars !

— Oui, mais pas cave dans ce sens-là ! James est intelligent malgré toutes les âneries qui sortent de sa bouche.

— Il l'a peut-être réactivé tout à l'heure, justement dans l'espoir que son père vienne le chercher.

— Ça, c'est possible…

Chapitre 41

La capture de James

Même si Laura n'ose pas descendre au rez-de-chaussée, moi je le fais. Il me semble que je dois à James au moins un peu de soutien moral. Pas qu'il le mérite, mais ma conscience ne me permet pas de le laisser tomber.

Je m'avance doucement depuis la dernière marche de l'escalier jusqu'à l'endroit où se tient Corentin. Ce dernier, un peu en retrait, fait face au hall d'entrée. Il dévisage Reynald Crown avec curiosité.

Je suis tout de suite fascinée par cet homme qui n'est ni aussi grand ni aussi costaud qu'il en a l'air à la télévision. Seulement, il émane de lui une énergie qu'il est difficile d'ignorer. Il semble tellement sympathique, honnête, sensible aux problèmes des autres…

Il reconnaît Valentin, à qui il serre la main chaleureusement. Jusqu'à présent, Reynald Crown n'a pas encore posé son précieux regard sur son fils. À la place, il me vise droit dans les yeux avec son œil de lynx.

— Je pense que je comprends pourquoi mon fils est ici, dit-il. Vous êtes ravissante, mademoiselle.

— Euh… non, vous faites erreur...

Mais je ne peux pas continuer ma phrase parce que James, qui se tient à ma droite, saisit ma main dans la sienne. Ah non ! Pas encore ce jeu !

— Au moins, on est d'accord sur quelque chose, Reynald.

Je ne devrais pas être étonnée que James appelle son père par son prénom. Leur relation ne semble pas être celle d'un papa attentionné et d'un fils aimant. Et Laura qui croit que Daniel n'était pas chaleureux avec elle… c'était de la petite bière en comparaison !

James serre mes doigts assez fort pour que je comprenne qu'il a besoin de mon soutien.

— C'est un plaisir de vous rencontrer. J'espère que la visite de James chez nous pour la fin de semaine ne vous a pas causé trop de soucis !

James serre encore mes doigts. Une fois, deux fois, trois fois. Comme un code. Le seul problème, c'est que je ne sais pas s'il me remercie ou s'il me demande de me taire. Je choisis donc l'option prudente : le silence.

Le politicien me fait un signe poli de la tête pour ensuite indiquer à son fils de le suivre.

— Mon sac est en haut, proteste James.

— Je suis certain que ton amie pourra te le rapporter au pensionnat ce soir, n'est-ce pas, Marie-Douce ?

Wô ! Reynald Crown vient de m'appeler par mon prénom. Je ne me souviens pas que James m'ait présentée à son père. Cela signifie que Reynald Crown s'intéresse à la vie de son fils davantage qu'il ne le laisse paraître. Ça, ou James a menti lorsqu'il m'a confié ne pas lui avoir parlé depuis des mois.

— Euh… oui, sans problème.

— Bien, dit monsieur Crown. James ?

Ce dernier serre les lèvres, mais emboîte le pas à son père après avoir saisi son manteau et chaussé ses bottes. Je les suis jusqu'au seuil. Le quartier est recouvert d'une quantité impressionnante de neige qui semble s'étendre à perte de vue. Le reflet aveuglant du soleil sur tant de blancheur me fait plisser les yeux. Les agents ferment la marche derrière James et son père. Je ne peux pas m'empêcher de me demander ce que Reynald dira à son fils une fois dans l'intimité de la limousine.

Chapitre 42

Mon autre père

Xavier a une partie de hockey aujourd'hui, à Laval. Il est parti vers 11 heures ce matin avec ~~mon~~ son père, son plus grand supporteur, pour ne pas dire son *fan* numéro un. Ils m'ont invitée, quand on était à table hier, mais je leur ai dit que je ferais mieux d'aller parler à ma mère.

Après le départ de James et de son illustre géniteur, Hugo est venu me chercher chez les Cœur-de-Lion. Je n'étais pas étonnée que ma mère ne soit pas dans la voiture. Elle m'attend à la maison. Comme je la connais, chaque recoin de chaque pièce doit briller et sentir le citron. Elle fait ça quand quelque chose la perturbe. D'ailleurs, j'aurais dû remarquer qu'elle faisait davantage de ménage depuis le moment où j'ai trouvé le troisième *kit* de test dans le fond de la trousse.

M'aurait-elle révélé un jour ses doutes sur la paternité de Daniel de son propre chef ? Je suis convaincue que non. Je me mets à sa place et je crois que je n'aurais rien dit non plus. C'est vrai que je ressemble à Daniel et même à bébé Frédérique ! Suffisamment pour que ma mère ait été convaincue que le pire n'arriverait jamais.

Lorsque nous nous garons devant la maison du Vieux-Vaudreuil, mon cœur se met à s'énerver. Ma mère est à la vitre, comme une enfant qui guette la visite avec impatience. J'en ai passé des heures devant la fenêtre du salon de notre ancienne maison dans l'attente de Daniel St-Amour.

St-Amour… Je n'y avais pas songé ! Va-t-il falloir que je change mon nom de famille ? Et Xavier le sien ? *Oh my God !*

Dès que je mets le pied dans la maison, ma mère me serre dans ses bras avec force.

— Maman… Je t'aime aussi, mais tu m'étrangles…

— Tu m'aimes quand même ? demande-t-elle sans desserrer son étreinte.

— Ben oui, voyons !

— OK, ma chouette. J'ai eu peur. J'ai vraiment, VRAIMENT eu peur.

— J'ai dit des affaires pas correctes. J'étais en état de choc…

— Je comprends, tout est oublié.

Nous passons l'heure suivante à discuter, assises chacune à un bout du sofa, face à face, pieds contre pieds, comme on le faisait quand on habitait le petit appartement de la rue Bourget. Elle m'explique certains faits, mais je sens qu'elle retient beaucoup d'informations. Elle était amoureuse d'un policier. Sans s'étendre sur les détails, elle laisse entendre qu'il s'agissait d'une relation difficile qui l'a beaucoup marquée. Sa rencontre avec Daniel St-Amour a été un réel choc. Un coup de foudre inimaginable. Pour lui aussi. Ils ont commencé leur relation très vite et elle a rapidement su qu'elle était enceinte. Elle me raconte que tous les soirs, elle priait le bon Dieu pour que je ressemble à Daniel et non à l'autre.

Mon père biologique avait, lui aussi, les cheveux bruns et les yeux presque noirs.

— Est-ce qu'il ressemblait à Daniel ?

Ma mère hésite en pinçant les lèvres. Plaquant une main sur sa bouche, elle hoche la tête.

— Maman… Ça semble difficile pour toi d'en parler… Pourquoi est-ce que c'est si dur ?

— Peut-être parce que j'ai eu beaucoup de mal à l'oublier.

Ses derniers mots s'étouffant dans son souffle, ma mère tire un mouchoir de la boîte que nous laissons toujours sur la table basse du salon.

— Tu l'aimais vraiment, alors ?

— Oui, vraiment…

— Et Daniel ? Lui aussi, tu l'as aimé ?

— Oui… mais peut-être pas comme il l'aurait mérité, m'avoue-t-elle.

Cette confession me renverse. J'ai toujours cru que Daniel était celui qui se détachait de notre petite famille. Je n'ai jamais une seule fois envisagé que maman ait pu être celle qui gardait celui que je croyais être mon père à distance !

— Ah, ouin ? ne puis-je m'empêcher de m'exclamer en changeant de position sur le sofa. Comment ça ?

— Laura… c'est une longue histoire, compliquée et douloureuse.

Ma mère vient de se refermer comme une huître, je le vois dans ses yeux et dans le fait qu'elle serre les dents.

— Une histoire qui a affecté ma vie ! J'ai le droit de tout savoir !

J'allais insister davantage, mais les aboiements de Trucker interrompent mon élan. Quelqu'un est à la porte.

— T'attendais quelqu'un ?

La visiteuse n'attend pas qu'on lui ouvre. Le vent hivernal s'engouffre soudain dans le salon et me fait frissonner. Sur le seuil, je vois une femme de petite taille avec une valise rétro ; une odeur de tabac à la cerise parvient à mes narines.

— *Oh my God !* Mamie Jackie !

Chapitre 43

Mon faux chum

En me rendant dans la chambre d'amis pour récupérer le sac de James, j'ai découvert avec plaisir qu'il avait refait le lit. C'est pour rien puisqu'on va laver les draps avant d'y refaire coucher un autre invité, mais l'intention était bonne. Comme quoi James n'a pas que des défauts.

J'ai une pensée pour Maddox. Est-il resté au collège toute la fin de semaine, encore une fois ? Je suis certaine que oui. Il travaille si fort pour réussir ! C'est un vrai artiste dans l'âme.

Avant d'entrer dans le collège, je sors mon iPhone de ma poche. Si j'attends d'être dans le bâtiment, je n'aurai pas de réseau.

Moi
Allô ! J'ai ton sac. Je le laisse où ?

James
Garde-le dans ta chambre. Je ne suis pas au collège.

Moi
Est-ce que tout va bien ?

James
Non.

Moi
Est-ce que je peux faire quelque chose pour t'aider ?

Je ne voulais pas lui poser cette question, mais mes doigts ont tapé les mots tous seuls. C'est le genre d'offre qu'on fait un peu par politesse quand les gens répondent qu'ils ne vont pas bien. On espère toujours que la personne réponde quelque chose comme : « Non, ça va, tu ne peux pas m'aider ! »

James
Pas là, non.

J'arrive dans ma chambre, que je partage avec Vivianne, complètement éreintée de ma fin de semaine en montagnes russes d'émotions. Ma cochambreuse est déjà là, en train de déposer sa bouffe dans le petit frigo. Nathalie m'a rempli une glacière avec cinq plats pour mes soupers et plein de trucs à grignoter. Le reste du temps, je mange à la cafétéria.

— Zut, Marie-Douce ! Il y a plus de place dans le frigo pour tes affaires ! m'annonce Vivianne comme si elle m'apprenait que la pluie allait gâcher une sortie.

— J'ai juste besoin de la tablette du bas, dis-je sans m'énerver.

Je respire de façon à contrôler mon humeur…

— Mais j'ai trop de plats !

— Vivianne, tu sais très bien que tu ne peux pas prendre toute la place. Arrange ça comme tu veux, mais trouve une solution. J'ai eu une fin de semaine intense et j'ai un début de migraine. Donc s'il te plaît, rends-moi pas la vie plus difficile, OK ?

— Ouais, parlons-en de ta fin de semaine intense ! me lance-t-elle.

— Quoi ?

— James Crown a été retrouvé à Vaudreuil-Dorion après avoir fait les manchettes à cause de sa prétendue disparition ! Et qui habite à Vaudreuil-Dorion ? Toi !

— Ça n'a rien à voir… C'est un pays libre, il peut aller où il veut.

— Alors, comment expliques-tu ça ?

Vivianne me tend son cellulaire, sur l'écran duquel s'affiche une photo prise par un amateur montrant James Crown qui mange le premier Big Mac de sa vie. Avec lui, on peut voir Corentin et Bruno de profil et moi, assise devant lui. On me reconnaît facilement.

— Euh…

— C'est une photo qui a été prise dans le coin de Saint-Gabriel, vendredi soir. Elle circule sur internet depuis samedi matin, quand James a été porté disparu. Donc, tu peux arrêter de mentir. Pourquoi est-ce que tu cherches à me cacher ça ? Je croyais qu'on était amies, toi et moi, mais on dirait bien que notre amitié n'allait que dans un sens, hein, Marie-Douce Brisson-Bissonnette ?

— Non, Vivianne, c'est pas ça…

— C'est quoi, alors ?

— C'est juste que je ne veux pas nourrir de fausses rumeurs.

— On sait déjà tous que tu sors avec James en cachette ! Mais à mon avis, tu le trompes avec Maddox Buteau. À moins que ça soit le contraire… Trompes-tu

Maddox avec James ? Et qu'en est-il de Lucien Varnel-Smith ? Il a accordé des entrevues à Montréal y a pas si longtemps. Il n'avait même pas de concert au Québec, donc je suppose que t'avais quelque chose à voir avec sa présence dans la province. Est-ce que tu sors encore avec lui aussi ? Est-ce que tu le trompes avec James ET Maddox ?

— Euh… Quoi ?

Vivianne me dévisage quelques secondes, les bras croisés sur la poitrine, une mèche de cheveux presque blancs tombant sur son œil gauche.

— T'as très bien compris.

Que répondre à ça ? Ma vie amoureuse est-elle donc encore un jardin public ? Que Vivianne croie que je sors avec James, c'était un peu inévitable parce que c'était la condition de ce dernier pour ne pas détruire la future carrière de Maddox : me faire passer pour sa blonde. Quant à Lucien, elle n'a aucune preuve que je l'ai vu quand il est passé au Québec. Et pour Maddox… eh bien, il s'est effacé de lui-même jusqu'à ce que je prenne une décision définitive. Si un jour je décide d'aller vers lui, je veux avoir le cœur et la tête libres de tout doute. Maddox mérite mieux qu'une fille dont les émotions sont un constant tourbillon de confusion.

Mon début de migraine commence à s'étendre et à envahir le côté gauche de mon crâne ainsi que mon front. Je n'ai ni l'énergie ni l'envie de me battre pour faire comprendre la situation à Vivianne. Tout ce qu'elle veut, c'est une réponse directe et plausible. Si je maintiens que je ne sors avec personne, elle ne lâchera pas le morceau. Mais si je lui fais une confidence intéressante, elle sera moins hostile à mon égard. Du moins, je l'espère.

Donc, j'abandonne.

— OK, je sors avec James. C'est vrai. Maintenant, je vais aller me préparer pour me coucher. Ça te va ?

Vivianne me dévisage avec de grands yeux de grenouille.

— Alors, c'est vrai ? Tu sors sérieusement avec James Crown ? Il est COMMENT ?

— Très gentil.

Je m'enferme dans la salle de bains avant que mon nez s'allonge comme celui de Pinocchio.

Quand je ressors après m'être aspergé le visage d'eau froide et avoir pris des comprimés pour soulager ma migraine, je trouve ma glacière ouverte et vidée. Mes plats sont bien alignés sur la tablette du haut du frigo. Eh ben !

Chapitre 44

Échec et mat

Forts de notre certitude que nous ne sommes pas frère et sœur, Xavier et moi nous dirigeons vers la salle G ensemble, ce matin. Il n'a pas pris l'autobus scolaire et a demandé à ~~mon~~ son père de nous emmener tous les deux à l'école. Chaque fois que Daniel me voit, il prend la peine de me serrer dans ses bras quelques secondes. Encore tout à l'heure, alors qu'il n'avait pas à sortir de la voiture, il l'a fait quand même. Depuis ce fatidique vendredi soir où un simple résultat de test a chamboulé non seulement nos vies, mais aussi le lien que nous entretenions, on dirait que nous avons besoin de nous rappeler que rien n'a changé.

Mais tout a changé ! Pour le mieux, je dois dire. Entre Daniel et moi, il n'y a plus rien que nous puissions tenir pour acquis. Je ne suis plus sa fille, du moins, plus de la même façon… et d'une certaine façon, ça me soulage d'un poids.

D'ailleurs, j'ai demandé à ma mère ce qu'elle avait fait inscrire sur mon certificat de naissance et j'ai tout de suite vu qu'elle était très embarrassée. Elle a fini par m'avouer qu'elle n'a rien indiqué sur la ligne où le nom de Daniel aurait dû apparaître. Ils n'étaient pas encore mariés quand je suis née, rien ne l'obligeait à le faire. Je suis donc officiellement une fille sans père. Je ne l'ai pas dit à Daniel. Il ne l'a sûrement jamais su.

Lorsque nous pénétrons, Xavier et moi, dans la salle G, j'ai un peu le trac et je lâche la main de mon chum par réflexe défensif. C'est évident que tout le monde surveille nos gestes.

— Hé! dit Xavier en reprenant ma main juste avant de pousser la porte vitrée. Est-ce que t'es nerveuse qu'on nous voie ensemble?

— N… oui…

Certaine que je le déçois par ma couardise, je m'apprête à lui expliquer de long en large ce qui me paralyse: les regards, les jugements, la curiosité, la jalousie de Kim Buteau et d'Alexandrine. Je pourrais avoir l'attitude contraire et me sentir comme la grande gagnante de la petite guerre qu'elles ont déclenchée, mais ce n'est pas en moi. Je me sens dépassée par cette situation qui a pris beaucoup trop d'ampleur.

Xavier ne me laisse pas le temps de parler et saisit mon visage entre ses mains pour déposer un baiser sur mes lèvres. Puis, d'un mouvement archi-vif, il tend un bras pour arrêter Kevin Cartier qui marchait tranquillement dans notre direction. C'est un des joueurs de hockey avec qui il se tient souvent. Kevin est aussi le gars le plus bavard que j'aie croisé de ma vie.

— Tu peux dire aux gars que, selon les tests d'ADN, Laura est pas ma sœur, OK?

— *Man!* Pour de vrai? Félicitations! s'exclame Kevin avant de nous dépasser pour entrer.

— Avec lui, la nouvelle va se répandre comme une traînée de poudre, m'assure Xavier. D'ici l'heure du dîner, toute l'école sera au courant, même les secondaires 2. D'ailleurs…

Il sort son iPhone et pianote sur la vitre à la vitesse de l'éclair.

— Je ne peux pas croire que j'ai pas pensé à le faire avant. Viens là. Souris…

Il nous prend en *selfie* avec un grand sourire, montrant ses belles dents blanches.

— Tu vas mettre ça où ?

— Facebook et Instagram, avec la mention « pas ma sœur ! », dit-il en manipulant à nouveau son cellulaire. De cette façon, la nouvelle sera connue encore plus rapidement.

— Merci, dis-je en murmurant contre sa joue fraîche.

— Merci pour quoi ? Je te l'ai dit : si tu souffres, je souffre davantage. T'es prête ?

— Oui, dis-je en reprenant sa main.

Xavier me tient solidement pour être sûr que je ne laisse pas glisser ses doigts alors que nous nous faufilons parmi les dizaines d'élèves qui flânent. Il va même jusqu'à traverser la salle G en diagonale avec moi. Puis, un peu comme dans les films d'ados américains, Kim Buteau se plante devant nous, les bras croisés sur la poitrine. Elle a encore des nouvelles lunettes ; elles sont rondes et en métal, rappelant la mode des années quatre-vingt. Xavier s'arrête et me tire contre lui.

— Bon, bon, bon… Qu'est-ce qui se passe ce matin ? Vous avez décidé de faire semblant que vous êtes pas frère et sœur ?

Visiblement, Kim n'a pas regardé son cellulaire depuis les dernières minutes et Kevin Cartier n'est pas AUSSI efficace que je le pensais. Elle n'est pas encore au courant. Xavier prend une grande respiration avant de répondre. Je devrais être contente d'avoir l'occasion de voir sa face quand elle apprendra, dans quelques secondes, que Xavier et moi sommes officiellement libres de sortir ensemble. Mais je suis si lasse de cette affaire que je m'en fiche pas mal. Je voudrais que toute cette histoire ne se soit jamais produite.

— Les résultats du test d'ADN sont négatifs. Laura est pas ma sœur. Mets ça dans ta pipe, Kim.

— Quoi ? Mais c'est sûr que t'es le fils de Daniel ! En fin de semaine, mon père me l'a confirmé : Élise le lui a carrément dit ! Selon elle, il y a aucune chance que Stéphane soit ton père !

— Oui, moi, je suis le fils de Daniel. Mais pas Laura.

Le regard de Kim passe rapidement de Xavier à moi, de moi à Xavier, et quatre fois encore.

— Quoi ? demande-t-elle d'une voix cassée.

Je pourrais crier « ÉCHEC ET MAT ! », mais je m'en abstiens.

— T'as bien compris, dit Xavier fermement. Maintenant, Kim, écoute-moi bien. Tu t'approches plus de Laura, tu ne la regardes plus, tu ne penses plus à elle. Si t'as quelque chose à lui dire, tu passes par moi. Toi et moi, on ne reviendra jamais ensemble. Ja-mais. Si c'est pas encore clair, je peux le crier. Est-ce que c'est compris ou…

— J'ai entendu, dit-elle. Ça va. Crie pas, s'il te plaît.

Sa voix n'est qu'un murmure lorsqu'elle termine sa phrase. Le tremblement qui s'empare de sa lèvre inférieure m'indique qu'elle se retient de pleurer. Sous le regard de plomb de Xavier, elle semble s'affaiblir. Je ne voudrais pas être à sa place, oh que non !

— Laura, je suis désolée, marmonne-t-elle rapidement avant de tourner les talons et de se diriger vers les toilettes des filles.

— En voilà une de fixée. Je me sens d'humeur à régler le compte de tous ceux qui nous font du mal depuis des semaines ! Où est Alexandrine Dumais ? demande-t-il en se frottant les mains l'une contre l'autre.

Chapitre 45

Le gros orteil dans l'eau chaude

Mais qu'est-ce que j'ai fait hier soir ? Quand je suis fatiguée et qu'une migraine me prend, on dirait que je deviens si désespérée d'avoir la paix que je suis prête à dire n'importe quoi pour qu'on me laisse tranquille. Mais cette fois, c'est la meilleure. Ou la pire. Et je ne sais pas comment m'en sortir.

Selon tous et toutes, depuis que le soleil s'est levé ce matin sur les Cantons-de-l'Est, je suis la blonde de James Crown. Je vois difficilement comment tout le monde au collège a pu gober cette histoire. Depuis mon arrivée au pensionnat, je n'ai jamais vu James se mêler aux autres. Il n'a donc certainement pas démontré qu'il pouvait s'intéresser à qui que ce soit ici d'un point de vue amoureux. Selon les journaux à potins, il sortait avec une fille de l'Alberta. Une riche héritière d'une famille ayant fait fortune dans le pétrole. Oh, mon Dieu ! J'espère qu'il ne sort plus avec elle, sinon je viens de mettre un clou dans leur relation ! Et puis non, s'il était encore « avec » elle, il ne m'aurait jamais demandé de faire semblant d'être sa petite amie lors de la soirée de charité de sa mère.

Je n'ai pas croisé mon faux chum et heureusement, pour l'instant, Maddox est encore caché sous une roche, c'est-à-dire dans la salle des peintres, à travailler d'arrache-pied sur un chef-d'œuvre. Il est LA personne que je veux éviter à tout prix aujourd'hui.

Après un cours de français et un cours de maths, tous les deux interminables, je descends dans le hall d'entrée pour sortir du collège et ainsi pouvoir communiquer avec James.

Moi
Allô ! Es-tu au collège ? Il faut que je te parle et vite !

Je n'ai pas besoin d'attendre sa réponse parce qu'une limousine noire déjà familière longe l'allée en forme de croissant du collège. Un homme vêtu de gris sombre sort du véhicule et tient la portière comme si le roi d'Angleterre allait descendre de la voiture et nous faire l'honneur de sa présence. Nul autre que Reynald Crown apparaît, suivi de sa femme, Lisa Crown. Derrière eux suit finalement James. Il semble différent, ce matin. Ça doit être parce qu'en présence de ses parents, il se tient plus droit et que ses cheveux sont parfaitement coiffés.

Selon les sondages, Reynald Crown est favori, surtout dans l'Ouest canadien et en Ontario, pour devenir le prochain premier ministre du Canada. Les services de sécurité sont donc de plus en plus resserrés autour de la famille Crown. La fugue de James n'a pas dû être vue d'un bon œil et elle est probablement pour quelque chose dans le nombre de gardes du corps qui accompagnent la famille. J'imagine que Joël a été renvoyé et que ce matin, monsieur Crown et sa femme sont là pour rencontrer la directrice afin de faire le point sur l'incident concernant leur fils. Madame Lessard en prendra pour son rhume. Les généreuses donations faites au collège par la famille Crown connaîtront probablement une fin abrupte.

Une autre possibilité se profile à l'horizon : ils sont venus jusqu'ici pour retirer James du collège de la Tourelle de façon permanente. Cette pensée me fait mal dans les tripes. Oh, mon Dieu ! Que se passe-t-il, suis-je devenue folle ? Je devrais sauter de joie à la perspective de voir James quitter le collège pour de bon. Ça libérerait Maddox de toute menace. Je ne serais plus obligée de faire semblant d'être son amie ou sa blonde ! Non. Ce que je viens de ressentir, c'est de l'angoisse, de la douleur et un peu de tristesse.

— James !

Il relève la tête, surpris de me voir le saluer avec de grands gestes. Un long escalier de béton nous sépare. Monsieur Crown fronce les sourcils en m'apercevant, mais un sourire se forme bientôt sur ses lèvres. Madame Crown m'adresse un sourire bienveillant. Les Crown semblent m'apprécier ; c'est déjà ça de gagné.

James presse le pas pour arriver à ma hauteur avant ses parents, qui eux sont encore au bas de l'escalier parce que monsieur Crown a pris un appel sur son cellulaire.

— Qu'est-ce que tu fais là ? demande James.

Je grimace un peu, mais je n'ai que quelques secondes pour lui avouer ce que j'ai fait dans un moment de faiblesse.

— Hier soir, j'ai comme un peu dit à ma cochambreuse hyper potineuse que je sortais avec toi pour de vrai. Je suis désolée, j'avais une migraine et elle était sur mon dos, mais je voulais te le dire avant que…

James ferme les yeux en se grattant le front.

— Et moi, j'ai avoué à mes parents que je t'avais manipulée pour faire semblant que t'étais ma blonde.

— Quoi ?

Regardant derrière nous pour s'assurer que ses parents sont encore au bas des marches, il me tire plus près de la grande porte de bois verni.

— Disons que ma fugue et l'attention des médias ont provoqué une grande explosion dans ma famille. On a eu une longue discussion et je leur ai dit à quel point j'étais malheureux. Dans la foulée des vérités que je leur ai criées à la tête, je leur ai dit que ce n'était pas normal que j'aie à forcer une fille à jouer le rôle de ma blonde juste pour leur plaire. Et là, vu que rien ne me retient au collège et que la sécurité supplémentaire pour laquelle mon père paie très cher n'a pas été capable de m'empêcher de disparaître vendredi soir dernier, ils vont me retirer du collège et m'envoyer étudier en Ontario.

— Oh…

En Ontario ? Non… Je ne veux pas que James s'en aille. À part Maddox, il est le seul avec qui je peux vraiment être moi-même. Cette pensée m'étonne, mais c'est vrai. Qui l'eût cru ?

— Marie-Douce, je veux m'excuser pour tout. J'ai été vraiment méchant avec tes amis, surtout Laura. J'espère qu'on ne perdra pas contact, OK ?

— OK, James. Et pour Maddox ?

Au nom de son pire ennemi, il soupire.

— Je ne serai plus là pour lui nuire, mais si par un miracle inattendu je finis par rester au collège, je vais essayer de ne pas lui mettre de bâtons dans les roues. Je le ferai pour toi, pas pour lui.

Il ne fait pas très froid aujourd'hui ; le mercure doit se situer autour du point de congélation. Je ne porte pas mon manteau puisque je n'étais sortie que pour utiliser mon cellulaire, mais le bref moment que j'avais prévu passer à l'extérieur commence à s'éterniser. Un frisson me gagne et par réflexe, mes épaules se lèvent et mes bras se crispent.

— Hé, t'es en train de geler sur place. Rentrons !

Malheureusement, ce à quoi je n'avais pas pensé, c'est que toutes les portes du collège se verrouillent automatiquement de l'intérieur pour des raisons de sécurité. C'est une règle établie depuis l'augmentation des fusillades dans les écoles d'Amérique du Nord. La carte qui me permet d'aller et venir entre les bâtiments du campus est restée... dans ma chambre.

— As-tu ta carte magnétique? me demande James.

— Non, je ne pensais pas sortir et de toute façon, je l'oublie tout le temps.

— Je l'ai pas non plus, dit-il en appuyant sur le bouton de l'interphone.

Les secondes passent sans qu'on obtienne de réponse et James appuie de nouveau sur le bouton. Plus le temps s'écoule, plus je gèle.

— Viens là, dit-il en ouvrant son manteau. Tu vas être malade.

C'est la première fois que je suis vraiment collée sur lui. Je n'avais jamais pensé que ça arriverait un jour et je suis extrêmement mal à l'aise, surtout que ses parents seront devant nous dans quelques secondes. Nous avons l'air d'un vrai petit couple: moi dans les pans du manteau de James, lui qui m'entoure de ses bras.

— James, est-ce que c'est Marie-Douce sous ton manteau? demande madame Crown.

— C'est bien elle, confirme monsieur Crown avec son assurance habituelle.

— Est-ce que, finalement... vous sortez ensemble? demande madame Crown.

James se fige, mais ne répond pas. Il pourrait tellement se servir de moi et mentir comme avant!

Pourquoi il ne le fait pas ? Ça pourrait peut-être lui permettre de rester et de ne pas se faire balancer en Ontario !

— James ? insiste son père.

Mon ami ne répond pas, mais me serre encore plus fort. Son silence me donne envie de l'aider !

— Monsieur et madame Crown, j'aime votre fils et j'espère de tout cœur qu'il puisse rester au collège de la Tourelle.

Bon, j'ai poussé la note un peu et ça ne fonctionnera sûrement pas, mais pour secourir un ami, parfois, il faut se mettre le gros orteil dans l'eau chaude, non ?

Chapitre 46

Une fille peut se tromper !

Xavier m'a accompagnée jusqu'à la salle F, près de mon casier, où il m'a laissée avec un baiser. Il est reparti en souriant, la tête haute. Heureusement, nous n'avons pas croisé Alexandrine. Ce n'est qu'à l'heure du dîner que cette dernière s'approche pour me parler. Je suis de retour à mon casier pour ranger mes livres et prendre mon sac à lunch. Xavier s'entraîne ce midi. Je pensais donc rejoindre Samantha et Constance à la cafétéria.

— Alors, comme ça, Xavier, c'est pas ton frère, et ton père, c'est pas ton père !

— Qu'est-ce que tu veux, Alex ?

— Peut-être faire la paix ?

À ces mots absolument ridicules, je sourcille et j'échappe un rire sec.

— Quoi ? fait-elle. Une fille peut se tromper !

— Et en quoi considères-tu t'être trompée, exactement, Alexandrine ?

Mon lunch à la main, je verrouille mon cadenas et commence à me diriger vers le tunnel qui mène à la cafétéria sans attendre sa réponse. Mais Alex est une fille d'action et elle ne niaise pas quand il s'agit d'obtenir ce qu'elle veut. Et aujourd'hui, après s'être autant appliquée à gâcher mon existence, princesse Alexandrine veut redevenir l'amie de « petite moi ». Avec ses jambes de girafe, elle me rejoint assez rapidement merci.

— Je ne pensais pas que Xavier t'aimait autant.

— Ah… c'est le *fun*. Merci.

Elle m'arrête d'une main sur mon poignet. Elle ne le serre pas. C'est seulement un contact symbolique. Et je suis gentille donc je l'écoute.

— C'est pas que je pensais que t'étais pas digne qu'un gars soit si amoureux de toi. C'est juste que jamais j'avais vu quelqu'un comme Xavier aimer une fille pour de vrai. T'sais, comme dans les films.

— Ah…

— J'ai donc décidé de ne plus pourchasser Xavier. C'est peine perdue, et maintenant je le sais et je l'accepte.

— C'est bien… tu vas moins te faire de peine à toi-même. Bon, j'y vais. Bye ! dis-je en tentant de me débarrasser d'elle.

Mais Alex n'est pas facile à semer.

— Attends ! Laura !

Je dois prendre une loooongue inspiration pour ne pas me fâcher. Cette fille ! Elle me tue !

— Non, Alex. J'ai pas envie de te parler. Tu m'as fait vivre un calvaire pendant des semaines…

— Écoute-moi, s'il te plaît.

— Non ! J'veux rien savoir de toi ! Laisse-moi tranquille !

— Laura, Laura, Laura, Laura… s'il te plaît, s'il te plaît, s'il te plaît…

— Va chez le diable, Alex.

— Dis jamais ça à une sorcière ! C'est dangereux !

— Tant mieux ! Va-t'en, j'ai dit ! Que Belzebuth te capture et t'entraîne dans les méandres de l'enfer, je m'en balance !

— Laura… Arrête…

Seigneur ! Elle pleure. Depuis que je la connais, et je connais Alexandrine Dumais depuis que nous sommes hautes comme trois pommes, je ne l'ai jamais vue verser ne serait-ce qu'une larme.

— Laura… (grande respiration, sanglot, grande respiration)

Comment l'ignorer et partir ? Déjà, nous attirons l'attention de plusieurs personnes, à qui je fais signe de la main de passer leur chemin. Parmi eux, Héloïse Chouinard et Dariane St-Cyr. *Oh my God,* ça va potiner, *taleur* !

Vaincue, je croise les bras et je regarde ailleurs. J'ai eu le temps de voir ses joues rougies et ses yeux humides. Si elle joue la comédie, elle est très talentueuse.

— T'as trois secondes. Un… deux…

Ne voulant pas perdre le peu de temps qui lui reste, elle commence à parler très vite.

— Tu me manques. Marie-Douce me manque aussi. J'ai fait une grosse erreur. Pour me racheter, je suis prête à n'importe quoi. Tu veux quelque chose de moi ? T'as qu'à le demander. Je suis sincère, Laura, et plus jamais au grand jamais je vais me retourner contre toi. Jamais, t'as ma parole d'honneur. Je veux qu'on soit encore amies quand on sera vieilles.

Ouais, je vois ça d'ici. Redevenir amie avec Alexandrine ? Xavier va dire : « Ah non, pas la folle qui arrive ! »

— Alex…

Elle lève les mains pour m'arrêter.

— T'as besoin de temps, je le sais. Je vais parler à Xavier aussi. Je vais lui dire tout ce que je viens de te dire et plus jamais je vais tenter de le séduire. Je suis prête à tout, tu verras ! Bon, je te laisse penser à ça. Rappelle-toi comment on était. Souviens-toi que j'ai pris soin de Marie-Douce quand Lucien l'a laissée. Je ne suis pas un monstre. Je suis une fille passionnée qui fait des gaffes. Mais je ne fais jamais deux fois la même erreur.

— Alex…

— OK, je te laisse tranquille. Réfléchis-y.

Dès la seconde où elle finit de parler, elle se volatilise. Sérieusement, je ne sais même pas dans quelle direction elle est partie. Cette fille est une vraie sorcière, ou un fantôme, ou un extraterrestre.

Ouaip, un extraterrestre. Ça expliquerait bien des choses à son sujet !

Oh my God ! Je suis étourdie !

Chapitre 47

Mon cœur hors d'usage

Je ne sais pas quel effet mes mots spontanés et très significatifs auront sur la décision des parents de James. C'est sûr, leur priorité, c'est sa sécurité. Il paraît que Reynald Crown a reçu des menaces de mort les visant, sa famille et lui. J'ai vu ça plusieurs fois dans mon fil d'actualité sur Facebook. Je peux donc comprendre l'importance de toutes les précautions qu'il prend.

Lorsque nous entrons, James laisse ses parents marcher devant nous et s'arrête pour se planter devant moi, saisissant mes deux bras pour se pencher et chercher mon regard.

— Est-ce que tu pensais vraiment ce que t'as dit à mes parents, Marie-Douce ?

Un petit malaise me serre le cœur. J'y suis allée fort avec mon aveu d'amour. C'était pour créer un impact sur ses parents et non parce que je suis amoureuse de lui. Ce à quoi je n'ai pas réfléchi avant de parler, c'est l'impact que ça aurait sur James. Je ne crois pas qu'il soit amoureux de moi, mais une chose est évidente : il est porté à rechercher ma compagnie, peu importe comment, même si ses méthodes sont souvent inadéquates. Comme menacer de faire du mal aux gens que j'aime, par exemple.

Je dois clarifier la situation tout de suite avant qu'un malentendu se forme entre James et moi.

— Je voulais dire que je t'aime en amie, mais ça, ils n'ont pas besoin de le savoir, n'est-ce pas ? J'ai un peu fait exprès pour leur laisser croire qu'on était vraiment ensemble, malgré toutes tes ruses. Je me suis dit que ça contribuerait peut-être à les convaincre de te laisser fréquenter le collège…

Quelque chose de sombre passe sur ses traits fatigués et dans ses yeux. Est-il déçu ? Pensait-il vraiment que je pouvais être amoureuse de lui ? Ne sait-il pas que je suis encore sous le choc d'avoir revu Lucien ? Lui qui sait tout sur tout le monde…

— Oui. C'est vrai qu'ils n'ont pas besoin de savoir la vérité. Merci. Ça ne nuira pas, mais je ne sais pas si notre prétendue « relation » sera suffisante pour les faire changer d'idée.

— Rejoins-les et termine ma *job* ! dis-je en poussant sur sa poitrine.

Je rigole un peu, mais son expression demeure sérieuse.

— Tu veux vraiment que je reste au collège ?

— Si t'es pas là, qui va m'épargner de faire la file à la cafétéria ? C'est vraiment poche, attendre en ligne pour manger…

Au petit sourire qu'il me fait en secouant la tête, je vois bien qu'il comprend que je le taquine.

— OK, douce Marie…

Sans un mot de plus, James pivote et accélère le pas pour rejoindre ses parents, qui semblent se diriger tout droit vers le bureau de madame Lessard.

À quelques mètres de là, au pied de l'un des deux grands escaliers qui ceinturent l'immense hall d'entrée, j'aperçois Maddox qui me fixe, une main sur la rampe, un pied sur une marche. Il a certainement vu que j'étais dans les bras de James en entrant et que je lui parlais avec un grand sourire. Maddox ne peut pas deviner que James est en train de changer et que grâce à ce changement, le danger qu'il représente pour lui est en train de s'effacer grâce à mes efforts.

Je lève une main pour le saluer avec un air qui se veut joyeux, mais mon ami se retourne pour gravir les marches sans me répondre. Je le comprends et je ne m'attendais pas à davantage de sa part. Il faudra que le temps passe un peu pour que je puisse regagner la confiance de Maddox et peut-être son amitié. Ça me fait de la peine d'avoir à risquer notre lien de cette façon. Je sais qu'il veut plus. Il a été très clair, en mots et avec le dessin magnifique qu'il m'a donné. Malheureusement, pour l'instant, mon cœur est hors d'usage.

Chapitre 48

On ne contrôle pas les ouragans

Trois jours passent en montagnes russes d'émotions. Tantôt, je suis plutôt calme (grâce à Xavier qui veille sur moi et me distrait), tantôt, je m'invente toutes sortes de scénarios concernant mon père biologique. Il n'y a pas que mon amoureux super génial pour me changer les idées, il y a aussi la présence chaleureuse de mamie Jackie ! Mais il ne faut pas se faire d'illusions : ma grand-mère n'a pas changé. Elle n'est arrivée que dimanche dernier et Hugo est déjà à la veille de devenir fou. Ça sent le tabac à pipe jusqu'à l'étage, même si mon aïeule a promis de ne fumer qu'à l'extérieur. Il y a aussi le fait qu'Hugo travaille souvent à la maison pendant que ma mère étudie ou passe quelques heures à la bibliothèque. Durant ce temps, mamie Jackie s'installe comme si elle était chez elle. Un casse-tête de mille morceaux prend toute la place sur la table de la salle à manger. Un sac de tissus fleuri gît sur le comptoir. Ça doit être son brandy.

En temps normal, mamie Jackie est comme ces lutins qui font des mauvais coups dans les maisons : elle n'apparaît qu'au temps des fêtes pour disparaître le reste de l'année. Jamais elle ne revient dans un intervalle aussi court que celui-ci. Nous l'avons vue en décembre et nous ne sommes même pas à la mi-février. C'est louche et, aux regards qu'elle échange avec ma mère, je me doute bien que notre « crise familiale » a beaucoup à voir avec son arrivée-surprise.

Autre chose: Jackie et ma mère se parlent pas mal souvent en cachette. Je n'en peux plus des chuchotements. Hier soir, leur conversation s'est intensifiée au point où j'ai pu percevoir leurs paroles, même si elles étaient dans la chambre d'Hugo et de ma mère. D'accord, le fait que je sois revenue un peu plus tôt qu'à l'habitude de l'école (nous avons fini tôt parce que nous avions une activité extérieure en sciences) a peut-être contribué au fait qu'elles ne pensaient pas avoir à chuchoter.

— C'est ma fille, c'est mon affaire, a dit ma mère.

Ces mots ont suffi pour que je m'arrête subitement dans le couloir et que je me fasse silencieuse.

— Je sais que tu l'aimais au point de te garrocher dans le fleuve pour lui, mais Nathalie, il faudra un jour que t'acceptes les choses comme elles sont. Ma petite-fille a le droit de savoir.

— Maman, je ne peux pas répondre aux questions qu'elle va me poser. C'est trop me demander.

— Nathalie, tu dois être forte pour ta fille. C'est plus un bébé!

— Je le sais, ça. Tu penses que je ne m'en rends pas compte? Elle a un chum!

— Un très beau garçon, en plus, a commenté ma grand-mère.

— Maman, franchement!

— Ben quoi, j'ai encore des yeux pour voir.

— As-tu encore bu du brandy?

— Juste un *shooter*. T'en veux ? a offert Jackie à ma mère.

— Nooon ! J'ai besoin de toute ma tête pour gérer cette situation. Ah, et puis oui. Où est la bouteille ?

— Non, ma fille ! T'as besoin de toute ta tête, a renchéri Jackie.

— Tu m'énerves, maman !

— Toi, tu m'énerves encore plus. Là, c'est ta dernière chance. C'est un ultimatum, Nathalie.

— T'as pas le droit ! a protesté ma mère. J'ai pas douze ans !

— M'en fiche, je suis encore ta mère ! a rétorqué Jackie. Je te donne vingt-quatre heures pour dire toute la vérité à Laura concernant Christian.

— Et si je ne le fais pas ?

— Alors, je vais lui rendre visite avec Laura.

— Tu ne ferais PAS une CHOSE PAREILLE ! s'est écriée ma mère.

Ensuite, leurs voix se sont tues et j'ai entendu des pas se diriger vers la porte qui menait au couloir. J'ai vite reculé vers l'escalier pour faire semblant d'arriver et, par le fait même, de n'avoir pas entendu leur conversation. Lorsque ma mère est apparue dans le corridor, j'ai tout de suite vu qu'elle pleurait.

J'ai ouvert la bouche, prête à lui lancer une série de questions, mais je l'ai rapidement refermée. Ma mère n'était pas en état d'y répondre.

Vingt-quatre heures… Ça lui donne jusqu'à demain soir pour me parler de ce « Christian » dont je découvre le prénom à l'instant. Un policier, si j'ai bien compris. Ça m'intimide un peu. Sera-t-il du genre hyper sévère ? Ou patient et doux comme Daniel ? Et quel est son nom de famille ?

Ce qui me ramène à LA question de la semaine : je suis Laura **Qui**, pour de vrai ?

J'ai la tête encore pleine de cette conversation mystérieuse entre Jackie et ma mère quand la Jeep couleur kaki de Daniel se gare devant la maison. En ce jeudi matin, ~~mon père~~ le père de Xavier répète le manège qu'il a exécuté tous les jours depuis lundi. Il sort de la voiture, me fait un câlin, reprend sa place derrière le volant et nous amène à l'école. Depuis hier, Corentin s'est joint à nous. Il n'habite pas loin de chez Daniel, alors pourquoi prendre le bus ?

Les choses se sont un peu tassées, à la Cité-des-Jeunes. Certes, il y a eu quelques racontars concernant la photo médiatisée de James et de Marie-Douce dans un McDonald, mais ma sœur ne fréquentant plus la Cité, l'histoire a piqué du nez rapidement.

Ce midi, alors que je dépose mes livres dans mon casier pour prendre mon sac à lunch, dont le contenu se résume à un sandwich au baloney, un sachet de deux biscuits Dad's, une banane, un jus de pomme et un super *ice pack*, ce n'est pas Alexandrine que je trouve devant moi, mais Clémentine Bougie.

Clémentine a changé depuis quelque temps. Elle avait troqué ses longues mèches noires pour une coiffure plus actuelle. Maintenant, ses cheveux sont un peu plus longs et la teinture noire commence à partir : il n'en reste plus que sur les pointes. Elle semble tellement plus épanouie que lors de ses longs mois de silence volontaire.

— Allô, Laura.

— Clémentine ! Salut !

Je suis un peu surprise qu'elle m'aborde. Durant toute la période marquée par la rumeur nous concernant, Xavier et moi, Clémentine s'est tenue à l'écart. Je ne crois pas qu'elle était de connivence avec Alexandrine sur ce coup-là. Je me souviens même l'avoir vue manger seule à la cafétéria pendant qu'Alex et Kim étaient comme les deux doigts de la main.

— Est-ce que je peux te parler, quelques minutes ?

— On peut marcher ensemble...

Je ne l'invite pas à manger avec moi parce que, ce midi, Xavier sera là et je ne suis pas certaine que Clémentine soit partante pour se mêler à une bande de gars turbulents de secondaire 4. Même moi, ça m'intimide un peu.

Lorsque nous arrivons au tunnel, ironiquement à peu près au même endroit où Alexandrine m'a suppliée de lui pardonner, Clémentine commence à parler.

— Je suis désolée de ce que t'as vécu à cause de la stupidité d'Alex, commence-t-elle.

— Clémentine, dis pas ça. Les niaiseries d'Alexandrine, c'est pas tes niaiseries à toi ! T'as pas à t'excuser pour elle.

— J'aurais pu l'arrêter, dit-elle.

Arrêter l'ouragan Alex ? Laisse-moi rire ! Ha ! Ha ! Ha !

— Je ne pense pas, non.

— OK, peut-être pas, en convient-elle. Ce que je veux te dire, par contre, c'est qu'Alexandrine a fait une erreur qu'elle regrette pour de vrai, Laura. Tu sais, Alexandrine a un cœur énorme, malgré les apparences. Elle a toujours été là pour moi, même quand j'étais muette et sûrement ennuyante à mourir. Elle avait d'autres amis, mais elle m'oubliait jamais. Elle venait cogner chez moi, m'attendait, m'emmenait partout où elle allait. Elle ne m'a jamais forcée à parler.

— Oh, Clémentine…

Mais Clémentine ne se laisse pas interrompre.

— Alex m'a fait part de toutes ses pensées durant cette année-là. Sûrement parce qu'avec moi, elle était certaine de ne jamais se faire trahir (Je ne parlais pas !). Elle me disait tout, même les choses qui la faisaient mal paraître. Ce dont je peux t'assurer, c'est qu'elle est loin d'être parfaite, mais quand elle décide d'aimer quelqu'un, elle l'aime sans compter et pourrait tout lui donner.

— Clem, je comprends que tu veuilles plaider pour ton amie, mais ce qu'elle m'a fait, c'est assez impardonnable.

Je ne peux pas dire que je n'ai pas réfléchi aux excuses spectaculaires de mon ancienne amie durant ces derniers jours, mais je ne suis pas prête à passer l'éponge. J'en ai glissé quelques mots à Xavier. OK, plus que quelques mots, je lui ai raconté de long en large toute la scène. Sa réaction a été nette : il ne l'a jamais aimée, il ne veut plus jamais la voir, encore moins la fréquenter. Il s'est exprimé en termes très clairs : « Tu peux redevenir son amie, Laura, mais je ne serai jamais là quand elle sera avec toi. » Et ça, c'était après qu'Alexandrine lui eut parlé, à lui aussi. Xavier est intraitable concernant Alex et Kim. Elles sont barrées ! Mais tout ça, je ne le mentionne pas à Clémentine.

— C'est juste que je sais dans mon cœur qu'elle est sincère et je suis sûre qu'elle ne recommencera pas.

— Alex va toujours faire des conneries, Clémentine. C'est dans sa nature.

— Oui, mais plus jamais contre toi. C'est comme si elle était… euh… vaccinée. Alexandrine ne fait jamais la même erreur deux fois.

À cette réponse que je trouve vraiment tordue, j'éclate de rire.

— Je ne veux pas d'une amie qui fait du mal à qui que ce soit volontairement, Clémentine !

Clémentine grimace et rit doucement.

— T'as raison. Je me suis mal exprimée. Ce que je voulais dire…

— Je sais ce que tu voulais dire. Alex sera toujours Alex et elle a un bon fond et de bonnes intentions.

— Oui, c'est ça. Et tu ne trouveras jamais d'amie plus dévouée. À part peut-être Marie-Douce.

Ça, ce n'est pas si certain. Ma sœur ferait n'importe quoi pour moi, mais sa vie est si occupée et elle attire tellement l'attention de tout le monde qu'elle ne peut simplement pas m'être « dévouée ». De toute façon, je suis une grande fille : je n'ai pas besoin du dévouement des autres.

— OK… Je vais y penser, Clémentine. Mais dis-lui pas ça ; je doute de changer d'idée un jour.

— D'accord. Tant que tu y penses.

Notre conversation tombe d'un seul coup. Clémentine continue de marcher avec moi jusqu'à ce qu'on voie Xavier au bas de l'escalier qui mène aux deux cafétérias. Clémentine hésite et s'arrête. Je sais qu'elle a aperçu Xavier et son air méfiant parce qu'elle est figée sur place.

— Est-ce que tu veux te joindre à nous ? On va manger avec ses amis.

— Les joueurs de hockey de secondaire 4 ? Ouille, non…

Pendant ce temps, Xavier s'est déjà avancé vers nous. Après avoir posé un baiser sur mes lèvres, il fixe Clémentine qui, je le devine facilement, aimerait pouvoir se cacher sous les dalles du plancher.

— Est-ce que Clémentine peut se joindre à nous ?

Xavier hausse les épaules comme si ça lui était égal.

— Tant que l'autre folle ne suit pas, j'ai zéro problème.

— Alexandrine est absente, aujourd'hui, murmure Clémentine, visiblement intimidée par Xavier.

— Alors, viens avec nous ! l'invite-t-il sans faire de chichi.

Mon amie serre mon bras, mais nous emboîte le pas sans hésiter davantage.

Chapitre 49

Pauvre brebis égarée

En ce vendredi, dernier jour de classe avant la Saint-Valentin, presque tout le monde est vêtu de rouge au collège de la Tourelle. Je ne sais pas si c'est une tradition que tous connaissent sauf moi, mais je n'ai certainement pas reçu le mémo m'indiquant que je devais porter la couleur de l'amour. Tant pis si je me fais dévisager toute la journée : pour toutes sortes de raisons, je suis déjà habituée à ce qu'on me lance sans cesse des regards curieux.

D'ailleurs, il fallait s'y attendre, tout le monde pense que je sors vraiment avec James et les coups d'œil fusent dans ma direction. Gracieuseté de Vivianne et de sa gang. La fausse nouvelle a dû se rendre aux oreilles de Maddox aussi. Depuis lundi que je jongle avec ce dilemme : dois-je ou non dire la vérité à Maddox ? Le problème, c'est que ce dernier déteste les faux-semblants, les ruses, et peut très bien se retourner contre moi et peindre un tableau de ma face avec le mot « mensonges » écrit en travers de mon front.

James n'a pas été revu au collège depuis lundi matin, quand j'ai avoué mon « amour » pour lui à ses parents. On dirait bien que madame Lessard n'a pas su trouver une solution qui soit suffisamment satisfaisante pour que les Crown décident de laisser James fréquenter le collège.

Avec Maddox qui m'évite et Vivianne et ses amies qui se pâment d'admiration devant moi pour quelque chose de complètement faux, je préfère éviter tout le monde. Résultat : je me retrouve seule. Moi-même avec moi-même. Je n'ai jamais eu peur de la solitude, au contraire, je suis du genre à la rechercher. J'en profite pour étudier mes matières scolaires et répéter les chorégraphies du spectacle à venir. C'est la semaine prochaine, pas ce samedi qui vient, mais l'autre, le 20 février. J'ai fait croire à mon père que je devais rester un samedi (le jour où James m'a fait du chantage pour que je l'accompagne à la soirée mondaine de madame Crown) parce que j'étais la danseuse étoile ! J'avais presque oublié. J'espère que mon père aussi, parce que l'étoile, ça sera Victoria et moi, je me fondrai dans le décor avec les autres. Oups !

Je commence à trouver que ma vie est pas mal remplie de mensonges, récemment. J'ai dû servir des faussetés à mon père, à Maddox, aux Crown, à Vivianne et j'en passe ! Et tout ça, à cause de James. Laura a raison : c'est une présence néfaste dans ma vie. Ce ne serait peut-être pas une mauvaise chose s'il ne revenait jamais, tout compte fait. Aujourd'hui, si j'imagine que James ne réapparaîtra pas, ça ne me fait pas un pli !

Je ne suis pas très bonne pour me mentir à moi-même. J'ai un pincement dans la poitrine à cette idée. Depuis qu'il est parti, je suis seule avec mes pensées. Au moins, quand il est là, je me sens moins seule, même si, la plupart du temps, il m'énerve au plus haut point.

Je suis trop gentille et James est comme une brebis égarée que je veux ramener dans le droit chemin. C'est probablement parce que j'ai l'impression d'avoir réussi une mission impossible avec lui. Le gars le plus méfiant, méchant, gâté et invivable est en train de changer à cause de moi.

Eh oui, il me manque alors que je devrais lever un poing victorieux en l'air et crier « Bon débarras ! »

Chapitre 50

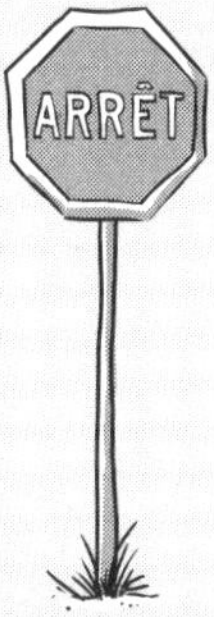

STOP !

La conversation secrète entre ma mère et mamie Jackie concernant mon père biologique a eu lieu mercredi soir. Nous sommes maintenant vendredi. Nous venons de terminer de souper et je n'ai toujours aucune nouvelle information. Ma mère a dû négocier un sursis avec mamie Jackie. Ça, ou ma mémé adorée commence à perdre la mémoire, ce dont je doute fort.

— J'en peux plus, Xavier ! Il faut que je sache !

Mon amoureux est vautré sur le sofa à mes côtés. Les adultes sont dans la cuisine, à boire du brandy et de la bière. C'est rare qu'Hugo consomme de l'alcool, mais je crains qu'il n'en soit rendu là, le pauvre homme.

— Ils sont pas mal pompettes, je pense…

— M'en fiche ! dis-je avec impatience. Ça fait quarante-huit heures que j'attends, moi.

— Pourquoi est-ce que tu ne leur demandes pas, tout simplement ?

— Parce que… je ne sais pas. Ma mère pleurait, alors…

— OK, laisse-moi faire, dit Xavier en déposant un baiser sur mes lèvres. Tu veux connaître ton père ? Je vais t'arranger ça.

Il se lève, mais je le retiens en tirant sur le bas de son chandail.

— Xavier, wô minute ! Tu vas faire quoi ? Elles ne savent pas que j'ai entendu leur conversation !

— Fais-moi confiance, Laura, OK ?

— D'accord, dis-je en retenant mon souffle.

À genoux sur les coussins du sofa, mon ventre contre le dossier et les bras croisés sur le rebord, j'essaie de contrôler les battements de mon cœur alors que Xavier s'avance vers le comptoir de la cuisine. Hugo, un linge à vaisselle sur l'épaule, et ma mère, occupée à rincer un gros chaudron, se retournent vers mon amoureux lorsque ce dernier se racle la gorge bruyamment. Mamie Jackie, quant à elle, rallume sa pipe malodorante pour la énième fois depuis la fin du souper.

Je tends l'oreille pour entendre ce que Xavier leur dit, mais je suis trop loin pour percevoir ses paroles. En quelques secondes, tout le monde reporte son attention sur moi. Ma mère semble blanche comme un drap, mamie a un petit sourire en coin et Hugo soupire d'impatience.

— Nathalie, j'aime pas du tout tes histoires secrètes, dit-il. Je pensais qu'on s'était promis de tout se dire.

— C'est du passé ! proteste ma mère.

— Ton passé est revenu à la surface, chère, fait mamie d'une voix sarcastique.

— Maman, mêle-toi pas de ça ! S'il te plaît !

— C'est ma petite-fiiiille, prévient ma grand-mère en croisant les bras, toujours irritante.

— Et toi non plus, Xavier! fait ma mère en ignorant mamie Jackie.

— C'est ma blonde, dit-il avec fermeté.

— Et moi, c'est ma belle-fille! ajoute Hugo. Ou c'est tout comme!

Debout entre Hugo qui fronce les sourcils et ma mère qui *boque,* Xavier me lance un regard grave en serrant les lèvres. Affichant une expression plus fermée que jamais, ma mère dépose la guenille qu'elle essorait dans l'évier avant de contourner le comptoir. Certaine qu'elle va s'approcher de moi pour tout me raconter, je laisse mes genoux glisser du canapé pour me lever, moi aussi. Enthousiaste à l'idée de finalement tout savoir sur mon père, je souris à ma mère. Cependant, à ma grande déception, celle-ci fait le tour de la table et se rend directement à l'escalier qui mène à l'étage. Son visage est dissimulé par ses longs cheveux bruns; elle cache des larmes, j'en mettrais ma main au feu. Quelques secondes plus tard, la porte de la chambre d'Hugo et de ma mère claque. Du moins, je devine que c'est celle-là parce qu'elle est tout au fond du corridor.

— Elle agit comme une adolescente! grogne mamie.

— Je vais lui parler, décide Hugo. Elle pleure pour un autre homme! Il y a toujours des sacrées limites!

— T'as trop bu, Hugo, laisse Laura aller voir sa mère! s'oppose ma grand-mère.

— J'ai pris seulement deux bières!

— Pour toi, c'est énorme, rétorque Jackie. Tu risques de la brusquer et de dire des conneries. Crois-moi, je te rends service en t'empêchant d'aller lui parler dans ton état. Je vais monter. C'est ma fille.

— **STOOOOOP !**

C'est moi qui viens de hurler. L'effet est magique, tout le monde se tait, les yeux ronds. Seul Xavier affiche un petit sourire et semble fier de mon intervention.

— JE vais parler à ma mère !

— Tu veux du renfort ? demande Xavier lorsqu'il arrive près de moi.

Ce disant, il pose une main au bas de mon dos. Comment fait-il pour toujours savoir ce dont j'ai besoin ?

Mais je secoue la tête.

— J'ai assez fait la poule mouillée.

Chapitre 51

Coup de masse

Cette semaine, je reviens directement chez ma mère, à Vaudreuil-sur-le-Lac. C'est Bruno, accompagné de Corentin, qui est venu me chercher au collège. Le chemin est long, car il neige encore. J'ai hâte de voir Laura, mais ça devra attendre à demain. Xavier soupait chez mon père et Nathalie, ce soir. J'ai choisi de laisser Laura en tête à tête avec son amoureux. Elle m'a texté que je n'avais pas à faire ça, qu'elle avait hâte de me voir et je sais qu'elle était sincère. Parfois, être une sœur et une meilleure amie, c'est aussi savoir quand s'éclipser.

— Ça chauffe chez vous, me dit Corentin lorsque je m'installe sur la banquette arrière.

Mon ami me suit, alors je me glisse tout au fond, jusque derrière Bruno, à qui je tapote l'épaule pour le saluer. Le chauffeur me gratifie d'un hochement de tête tout en continuant de chantonner un air d'opéra italien.

— Ah, oui ? À cause du mystère du père biologique de Laura ?

J'ai eu les grandes lignes par ma sœur, quand je l'ai appelée, hier soir. Nous n'avons discuté que cinq minutes parce que je gelais dehors. Elle m'a parlé si rapidement que je n'ai pas tout compris. Il paraît que mamie Jackie est en visite et qu'elle est en train de rendre Nathalie et mon père cinglés. Je ne suis pas du tout surprise : mamie Jackie est tout un personnage et quand elle décide d'agacer les gens, et ce même si c'est pour leur bien, elle n'y va pas avec le dos de la cuillère. Laura m'a aussi laissé entendre qu'elle a appris d'autres détails concernant son père, mais que ça lui vient au compte-gouttes. Pour une raison que j'ignore, il y a un grand mystère entourant l'identité de cet inconnu.

— Ouais. Xavier m'a texté tout à l'heure. Laura est montée pour parler à sa mère, mais Nathalie a verrouillé la porte !

— Ça ne lui ressemble pas. Nathalie est normalement si ouverte et franche ! C'est à croire qu'elle cache quelque chose d'important. Un secret d'État, peut-être. Et si le type était un criminel notoire ?

Malgré mes paroles inquiétantes, bizarrement, Corentin ne renchérit pas sur le sujet de Laura. Il croise les bras sur sa poitrine et me dévisage en levant un sourcil.

— Et toi ? T'as rien à me raconter ?

Prise de court, j'ai la tête vide. J'étais tellement concentrée sur les déboires de Laura que je n'ai rien d'autre en tête.

— Hein ?

Corentin décroise les bras et lève les mains au ciel, exaspéré.

— James ! finit-il par s'exclamer avec impatience.

— James qui ?

— Arrête tes conneries. Tu sais très bien de qui je parle.

— Il ne vient plus au collège. Ses parents l'ont changé d'école. Je crois qu'il est en Ontario, dans un autre établissement.

Corentin secoue la tête, l'air complètement découragé.

— Je constate que t'as pas regardé les nouvelles. Pourquoi suis-je surpris ? Tu vis dans une bulle. C'est comme si t'étais seule au monde… T'as toujours été comme ça.

— Hé ! Je ne vis pas dans une bulle ! Quelles nouvelles ? Qu'est-ce que j'ai encore manqué ?

— James. Il est pas dans une autre école.

La retenue de Corentin s'écroule si soudainement que j'ai un mouvement de recul. Sa voix s'étouffe d'émotion à la fin de sa phrase et ses traits se décomposent momentanément. Lorsqu'il passe une main nerveuse sur son visage, je commence à réellement m'inquiéter !

— Corentin… Tu me fais flipper, là. Qu'est-ce que tu veux dire par là ? Il a lâché l'école ?

— Oui et non…

— Arrête de tourner autour du pot ! Crache le morceau !

Mon ami ravale sa salive avec difficulté. Il regarde ailleurs avant de me fixer droit dans les yeux.

— Ç'a été annoncé ce matin. Les médias ne parlent que de ça. Il est à l'hôpital. Pour une durée indéterminée, finit-il par m'annoncer.

— Quoi… ?

Je me sens comme en transe, incapable de poser toutes les questions qui s'accumulent dans ma tête. Corentin saisit ma main glacée entre les siennes et plusieurs secondes passent avant qu'il parle à nouveau. Finalement, il serre ma paume très fort et reprend la parole.

— Tu lui rendras visite demain, m'informe-t-il. C'est déjà arrangé. Il ne veut voir personne d'autre que toi.

Chapitre 52

D'autres questions sans réponse

Je me réveille en ce samedi matin avec le cœur en bouillie. Ma mère, cette femme d'ordinaire si responsable et forte, a ignoré mes supplications à m'ouvrir la porte de la chambre. Je suis restée assise au sol des heures, le dos en appui sur le mur de la pièce où ma mère se cachait. Xavier est venu me rejoindre, s'est laissé glisser contre le même mur et m'a prise dans ses bras.

— Ça ne lui ressemble pas, d'agir comme ça, ai-je murmuré en posant ma tête contre sa poitrine.

— Je sais. Je suis désolé. J'ai cru pouvoir t'aider, mais…

— C'est correct, Xavier. La seule personne qui puisse le faire, c'est elle, ai-je répondu en pointant la porte.

Il devait être autour de 22 heures quand mamie Jackie et Hugo sont montés. Ce dernier m'a tendu une main pour m'aider à me relever. Ce faisant, j'ai constaté à quel point j'avais les fesses endolories d'être restée si longtemps assise sur le plancher dur. Pour la première fois depuis qu'il est dans nos vies, Hugo m'a serrée dans ses bras.

— J'aurais aimé pouvoir te dire que c'est moi, ton vrai père, Laura…

Je n'ai pas répondu, j'étais trop touchée par ses paroles, mais je l'ai serré plus fort.

— Va te coucher, Laura, il est tard, m'a ordonné ma grand-mère de sa voix rauque, mais douce pour l'occasion.

Relâchant son étreinte, Hugo s'est retourné vers Xavier.

— Personne ici est en état de te reconduire chez toi et je ne veux pas déranger ton… euh… père. Tu vas prendre le sofa, ce soir. C'est pas comme s'il t'était étranger, a-t-il ajouté avec un sourire crispé.

— J'allais te le demander, justement, a répondu Xavier. Je peux dire bonne nuit à Laura dans sa chambre ?

— La porte ouverte ! a rétorqué Hugo.

— Évidemment.

À peine sorties de sous mes couvertures, mes narines captent une odeur composée de bacon, de gaufres et de fumée de tabac à pipe à la cerise. Mon ventre crie sa famine, mais ma gorge est nouée. Je doute d'être capable de manger. J'ai vraiment besoin que ma mère me donne plus d'information concernant ce mystérieux Christian. En même temps, elle m'inquiète. Assise sur le coin de mon lit, je fouille dans ma mémoire. Maman a-t-elle déjà été aussi fermée et triste ?

Quelques souvenirs me reviennent en flashs. Je devais avoir quatre ou cinq ans. Daniel était à genoux devant ma mère qui pleurait, assise en Indien dans le fauteuil du salon. Il semblait découragé et peut-être aussi quelque peu impatient. Je ne me souviens pas des paroles qu'il a dites, mais son impuissance devant la peine de maman était évidente. Une autre fois, j'étais un peu plus vieille, peut-être huit ans, Daniel avait dit à ma mère qu'il n'en pouvait plus de vivre avec une huître. À l'époque, j'avais dû chercher dans le dictionnaire pour découvrir qu'une huître était en fait un mollusque enfermé dans une coquille close. Malgré la description, je n'avais pas tout à fait saisi la signification de cette comparaison. Aujourd'hui, je la comprends trop bien.

J'entends la voix de Xavier, en bas. Il doit croire que je dors toujours, sinon il serait sûrement déjà monté. Il s'inquiète beaucoup à mon sujet depuis le début de toute cette histoire. J'aimerais tellement qu'il puisse avoir l'esprit tranquille. Pauvre Xavier, il a vécu tant de moments horribles depuis son enfance. Fallait-il qu'il tombe amoureux d'une fille qui lui cause autant de soucis ? Je me rassure en songeant qu'au moins, à travers toute cette adversité, il a Daniel pour veiller sur lui.

Une idée me vient. Pourquoi n'y ai-je pas songé plus tôt ? Daniel ! S'il y a une autre personne qui puisse me donner des informations, c'est bien lui. Saisissant mon cellulaire, je trouve son numéro dans mes contacts. Il est encore sous le nom de « Papa ». Je n'ai pas le cœur de modifier l'appellation. Pas tant que je n'ai pas trouvé mon autre père.

Il répond au bout de deux sonneries.

— Laura ?

— Oui…

— Grenouille, est-ce que ça va ?

— Pas vraiment… est-ce que je peux te poser une question ?

Un silence s'installe au bout du fil. Puis, la voix de Daniel revient.

— J'imagine que tu veux savoir qui est ton père ?

— Pas juste ça. Je veux savoir pourquoi maman ne veut pas en parler.

Un autre silence s'ensuit ; je pourrais entendre le bruit des criquets, cette fois, tellement il dure longtemps.

— Je pense que ta mère ne me pardonnerait jamais de te dire ce qu'elle-même ne veut pas te révéler.

Oufffeeeuh ! Mais c'est quoi cette réponse ? L'aveu de Daniel engendre une nouvelle constellation de questions dans mon esprit !

— Vous êtes séparés, en quoi est-ce que l'opinion de maman compte pour toi ?

Un autre foutu silence !

— Daniel ?

— Laura, je dois y aller. Frédérique est en train de manger la bouffe du chat.

Je ne savais même pas qu'ils avaient un chat !

— Elle en mourra pas ! C'est maman qui t'a fait partir, c'est ça ? C'est à cause de mon père biologique ? C'est qui ? Pourquoi ?

— Au revoir, Laura. Parle à Jackie, c'est tout ce que je peux te dire.

— Est-ce que t'aimes encore ma mère ?

Ma question spontanée est sortie toute seule. J'en suis aussi étonnée que celui à qui je la pose. Malgré tout, j'attends sa réponse.

— Je ne peux pas répondre à cette question-là. Je suis désolé, Laura.

Chapitre 53

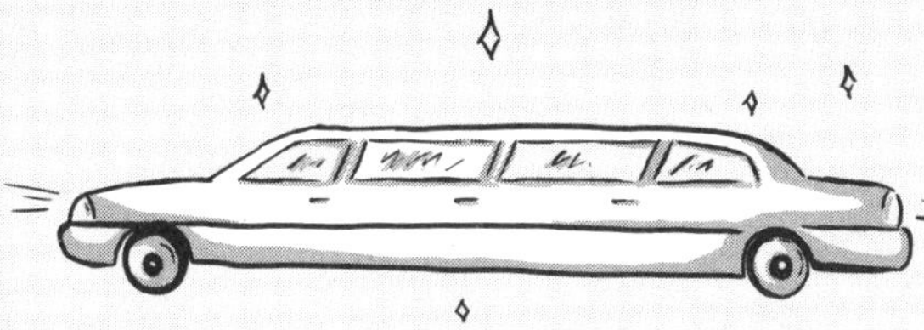

La visite

James a quitté l'hôpital hier soir. C'est donc directement chez lui, dans la demeure sécurisée des Crown, que Valentin, Miranda et Corentin m'accompagnent pour cette visite. Pour l'occasion, c'est une limousine envoyée par nul autre que Reynald Crown qui nous transporte jusqu'à la clôture de fer forgé verrouillée. Un agent de sécurité nous accueille et valide notre identité. Ma mère se tortille sur son siège. Tout ce flafla la rend cramoisie de fébrilité, on dirait une petite fille qui s'en va à Disney World. Moi, je ne ressens aucune joie, au contraire. L'heure me semble grave, surtout si je me fie à l'air défait de Corentin. Il en sait davantage qu'il ne m'en révèle. Ça doit être James qui lui a demandé de ne rien me dire. Ça m'inquiète.

À notre descente de la longue voiture noire, un employé vêtu d'un uniforme de portier nous reçoit. Il nous guide vers une porte noire qui s'ouvre sur une femme dans la cinquantaine. Celle-ci ne porte pas d'uniforme, mais elle est bien mise et ses cheveux poivre et sel sont retenus en chignon sur sa nuque. Si ce n'était de son embonpoint, elle me ferait penser à madame Lessard, avec son air sérieux.

— Vous êtes mademoiselle Marie-Douce ? demande-t-elle en pointant son regard directement sur ma petite personne, ignorant ma mère, Valentin et Corentin.

— Euh… oui, c'est bien moi !

— Bien, monsieur James vous attend à l'étage.

Puis, la dame pose son regard gris sur Miranda, qui semble se contenir pour ne pas poser plein de questions.

— Quant à vous, madame, messieurs, veuillez passer au salon. On vous apportera à boire et quelques grignotines.

Corentin serre ma main et me tire à lui pour me faire un câlin rapide.

— Arrête de faire cette tête, il ne te mangera pas.

Les lèvres pincées, j'acquiesce d'un léger mouvement de tête avant de suivre la dame au chignon serré.

La résidence des Cœur-de-Lion peut aller se rhabiller. À côté de celle des Crown, c'est une remise. J'ai lu des articles sur le web concernant cette famille. C'est du vieil argent: l'arrière-grand-père de Reynald a fait fortune dans le pétrole. Qui peut battre ça? Bref, ça se voit partout où je regarde, des murs garnis de portraits qui représentent sûrement les ancêtres de James aux planchers de marbre couleur coquille d'œuf. C'est franchement hallucinant.

Finalement, la quinquagénaire ouvre une porte sur notre droite, s'arrêtant sur le seuil, sa main sur la poignée.

— Entrez, mademoiselle. Il vous attend.

Je marche à pas lents, hésitant à avancer. Je me trouve ridicule! Depuis quand suis-je intimidée par l'opulence et le protocole des gens riches ? Depuis toujours, dois-je avouer. Je dois aussi dire que James lui-même me rend nerveuse. Toujours est-il que je dois prendre mon courage à deux mains pour me diriger vers le centre de la pièce. Ce n'est pas une chambre à coucher, c'est plutôt une espèce de salon secondaire. Deux sofas blancs se font face, séparés par une table basse de couleur noire. De lourds rideaux rouges couvrent les hautes fenêtres. Un tapis indien cache le plancher, probablement de marbre. Bref, c'est une pièce anormalement chargée et luxueuse, comme on en voit dans les films.

— Allô ? fais-je d'une voix douce. Y a quelqu'un ?

— Ici, douce Marie…

James est installé dans un fauteuil, ses jambes reposant sur un pouf. Son teint est blafard, mais ce qui me fait paniquer, c'est le pansement blanc qui entoure sa tête.

— James ! Tu t'es fait mal ? dis-je en m'approchant.

Ce dernier rit doucement.

— Non… pas exactement.

— Alors quoi ? Qu'est-ce qui t'est arrivé ? Quelqu'un t'a attaqué ?

— J'aimerais parler d'autre chose, si ça ne te dérange pas. Je suis heureux de te voir, douce Marie. Assois-toi, s'il te plaît.

Il pointe une chaise non loin de son fauteuil et sans attendre, j'en saisis le dossier pour la tirer près de lui. Une fois que je suis assise, il saisit ma main et fixe son regard sur mes doigts.

— Tu sais, commence-t-il, c'est drôle la vie, parfois. Quand je t'ai vue la première fois, je me suis dit : voilà une fille différente des autres. Différente de moi, aussi. Mais je me suis trompé.

Surprise par ses propos, qui semblent sortir de nulle part, je me racle la gorge. Est-ce que James est sous l'effet d'antidouleurs ?

— Oui, t'as fait erreur. Je suis tout à fait ordinaire, dis-je avec un petit rire triste.

Maintenant que je les vois de près, je constate que ses yeux sont un peu vitreux. A-t-il pleuré ? Souffre-t-il ? Difficile à déterminer... Malgré son apparence troublante, j'essaie de me concentrer sur la conversation.

— C'est pas ce que je voulais dire, rétorque-t-il. Ce que je crois, c'est plutôt qu'on se ressemble, toi et moi. Tu vois, nous sommes tous les deux des manipulateurs. La différence, c'est que moi je sais que je manipule les gens et que toi, douce Marie, tu le fais sans même le savoir. Tout compte fait, t'es plus dangereuse que moi... Ça explique pourquoi les gars tombent comme des mouches devant toi.

— Pourquoi est-ce que tu me dis tout ça, James ? On dirait que t'es pas toi-même !

Il me toise d'un air sérieux, voire grave. J'en frémis. Il commence à me faire peur.

— T'es tellement belle.

Ses mots m'effraient et d'un mouvement vif, je tente de retirer ma main de la sienne, mais il resserre son étreinte au point de me faire grimacer.

— Aïe ! Lâche-moi, James ! Tu me fais mal !

— J'ai essayé de comprendre c'était quoi, ton secret ! Pourquoi je sentais toujours le besoin de te garder à l'œil, de te protéger…

— J'ai pas de secret et j'ai pas besoin que tu me protèges, dis-je en me dégageant.

À force de tirer, j'ai réussi à faire glisser mes doigts des siens. Secouant mes phalanges endolories, je me lève et m'éloigne de plusieurs pas. Je n'ai qu'une envie : sortir de cette pièce.

— Tout le monde a des secrets. Tu veux savoir le mien ?

— Non ! J'veux rien savoir ! Je m'en fiche de tes secrets, James Crown. Toi, tes secrets, ton pouvoir, ta célébrité et l'opinion que t'as de moi pouvez aller vous faire foutre !

Décidée à partir au plus vite, j'avance rapidement vers la porte. Alors que ma main touche à la poignée, la voix de James me fait m'arrêter et faiblir :

— J'ai une tumeur inopérable au cerveau, Marie-Douce. Plus aucun traitement ne peut me sauver. Je vais mourir. Mon seul souhait, c'est que tu ne me laisses pas tomber d'ici là. T'es la seule personne qui me fasse sentir encore un peu vivant.

Il n'en faut pas davantage pour que je m'effondre telle une guenille sur le beau tapis indien.

Chapitre 54

Laura qui ?

Les paroles et les silences de Daniel ont sonné l'alerte dans mon esprit. Je me douche en vitesse pour ensuite m'habiller encore plus rapidement. Après avoir descendu les marches quatre à quatre et avoir failli me péter la margoulette en trébuchant sur la huitième marche, j'arrive dans le salon en criant comme une folle.

— Mamie ! T'as dit à ma mère que tu me ferais rencontrer mon père ! J'ai tout entendu l'autre jour ! Je veux le voir, tout de suite !

Bouche bée, ma grand-mère, Hugo et Xavier me dévisagent du même air étonné.

— Je veux venir avec vous ! fait d'abord Xavier.

— Moi aussi, renchérit Hugo avec empressement.

Seule mamie Jackie retrouve son calme et se croise les bras sur la poitrine.

— Nous irons, promet-elle, mais avant, je veux savoir ce qui vient de se passer pour que tu réagisses aussi fortement.

— Je viens de parler à Daniel, dis-je rapidement.

— Oh… lui, fait ma grand-mère en secouant la tête en signe de désapprobation.

— Pourquoi tu dis ça, mamie ? Savais-tu qu'il aime encore ma mère ?

— QUOI ? fait Hugo en grande panique.

Je peux compatir avec lui, le pauvre. Ce n'est pas le genre de chose qu'on veut entendre à propos de la femme avec qui on partage sa vie. D'ailleurs, je regrette un peu d'avoir lâché cette question sans égard pour lui.

— Bien… il ne m'a pas dit ça en termes clairs. J'ai plutôt deviné… je peux me tromper…

Zuuuut ! Je patine comme une nouille.

— Peu importe, intervient Xavier, venant à ma rescousse. C'est pas important. Jackie, tu sais où le père biologique de Laura habite ?

Ma grand-mère hoche la tête d'un air grave.

— *Pleeeeeaaase !* Mamie ! J'en peux plus de tout ça. Il est temps. Ç'a assez duré. Je veux comprendre pourquoi maman est dans un tel état !

— T'as raison, ma Laura, il est temps. Ta mère refuse toujours de sortir de sa chambre. Elle a été avertie. Laisse-moi seulement m'habiller et on y va.

Aussi simplement ?

— Euh… tu ne dois pas l'appeler, ou quelque chose ? Prendre un rendez-vous ou je ne sais pas… convenir d'un endroit pour le rencontrer.

— Non. Il est toujours disponible, dit-elle.

Sa réponse me laisse perplexe. Est-ce parce qu'il est policier ? Il est peut-être détective ! Dans les films, les détectives répondent nuit et jour au téléphone.

Dans le petit hall d'entrée qui donne directement sur le salon, Hugo chausse déjà ses bottes. On dirait bien que toute cette histoire l'a mis à bout, lui aussi. Il a hâte d'en finir et je le comprends. Surtout s'il a des doutes quant aux sentiments de Daniel pour ma mère. Arrghh ! Moi et ma grande trappe !

D'un autre côté, pour moi, c'est un nouveau chapitre qui commence. J'aurai un nouveau père ! J'ai peut-être même des frères et sœurs ! Habite-t-il loin d'ici ? C'est ridicule, mais la question qui m'intrigue le plus, c'est son nom de famille. J'ai ce besoin profond de savoir. Je suis Laura QUI ?

Une vingtaine de minutes plus tard, nous prenons place dans la Buick rouge vin de ma grand-mère. Sa tête dépasse à peine du volant et son siège est hyper avancé, laissant beaucoup de place aux grandes jambes de Xavier qui me tient solidement dans ses bras malgré nos ceintures de sécurité. Hugo, assis sur le siège passager avant, serre les dents et fronce les sourcils.

— C'est drôle que ça ne sente pas la pipe dans votre voiture…, grommelle-t-il.

De profil, je vois ma grand-mère sourire. Elle fait exprès pour rendre Hugo fou, c'est évident.

— Est-ce que c'est loin, mamie ?

— Non, ma chère fille. C'est à deux minutes.

Deux minutes ? Voyons donc ! Aurais-je donc vécu toute ma vie dans le même quartier que mon géniteur ? L'ai-je déjà croisé ? Est-ce que je le connais ? Un frisson qui n'a rien à voir avec le froid me parcourt. Je connais peut-être déjà mon père biologique. Wow. Ça serait fou !

Nous longeons l'avenue Saint-Charles pour ensuite tourner à droite dans la rue Jeannotte. C'est là que se trouvent mon école primaire et l'aréna. Le poste de police n'est pas dans ce coin de la ville, pourtant. Moi qui étais certaine que c'est là qu'on allait…

Mon aïeule gare la voiture près de l'église.

— Pourquoi t'arrêtes ici, mamie ? Y a pas de poste de police, ni de maisons… juste une garderie et le cimetière !

Ma grand-mère ouvre sa portière et sort sans dire un mot. Hugo la suit et Xavier me lance un regard perplexe.

— On dirait bien que c'est ici ! dit-il en haussant les épaules. Tu viens ?

Moi, je suis prostrée sur mon siège. Je ne défige qu'une fois ma portière ouverte par Xavier qui se penche au-dessus de moi pour appuyer sur le bouton de ma ceinture. Au moment où son visage est face au mien, il dépose un baiser sur mes lèvres.

— Allez, courage, souffle-t-il en saisissant mes mains gantées.

— On s'en va où, tu penses ?

— Je crois qu'on s'en va au presbytère, suppose Xavier en fronçant les sourcils. C'est dans cette direction que ta grand-mère semble se diriger.

— Oh, mon Dieu ! Mon père serait donc un prêtre ? Il faut pas faire vœu de chasteté quand on rentre dans les ordres ?

— Il faut y aller pour en avoir le cœur net.

— Mais il était policier ! dis-je d'une voix énervée. Comment peut-on passer de policier à prêtre ?

— J'imagine qu'on devra le lui demander. Allez, arrête de t'en faire. Peu importe qui il est, il doit être un homme bien. J'en suis sûr.

— OK…

Nous marchons derrière l'église, longeant une partie du cimetière. Mamie est à une dizaine de mètres devant nous. Puis, au bout de quelques secondes, elle s'immobilise.

— Mamie ! Qu'est-ce que tu fais ? dis-je en courant dans sa direction.

Mes propres mots me font m'arrêter et prendre une longue inspiration. Est-ce que c'est un cauchemar ou une blague ? Ma grand-mère est immobile, la tête baissée, comme si elle priait. Quelques dizaines de pas sur la neige piétinée m'amènent devant… une pierre tombale.

Mamie Jackie relève les yeux vers moi et me fait un sourire triste. D'un signe de la main, elle m'invite à approcher. Je serre les doigts de Xavier pour me donner du courage. Nous avons tous les deux compris la nature de cette visite. Lorsque je rejoins ma grand-mère, elle pointe la tombe du menton.

— Christian, voici ta fille, Laura. Laura… voici Christian. Ton père.

En larmes et honteuse de n'avoir pas eu davantage d'empathie pour ma mère, je tombe à genoux devant la pierre tombale. Le nom de mon père y est inscrit en toutes lettres.

— Oh… mon Dieu… Il est mort !

À suivre…

Retrouve les Filles modèles sur Facebook !

www.facebook.com/lesfillesmodeles